AF359271

CATALOGUE

DE

MUSIQUE

ET

PAPETERIE

Voir, Pages 30 à 32

OCCASIONS EXCEPTIONNELLES DES GRAVURES DU MUSÉE DU LOUVRE

Les Prix annoncés dans ce catalogue sont absolument nets ; la remise ayant été préalablement faite sur chaque article.

ERNEST FLAMMARION & A. VAILLANT

Galeries de l'Odéon, 1 à 9, et 4, rue Rotrou, PARIS

A partir de 25 fr. tous les Envois sont adressés franco dans toute la France.

AVIS Nous fournissons la musique de tous les éditeurs avec une remise de 25 % sur les partitions et 75 % sur les morceaux.

Nous avons à la disposition de notre clientèle un assortiment considérable de Livres français et étrangers, Papeterie, Maroquinerie, Articles de dessin et de bureau, ainsi que toutes sortes d'ouvrages d'occasion, et nous nous chargeons de procurer tous les ouvrages des éditeurs **avec des remises importantes**, *ainsi que tous les articles dont nos clients pourraient avoir besoin.*

(ENVOI FRANCO DES CATALOGUES DE PAPETERIE, GRAVURES, LIBRAIRIE

PARTITIONS PIANO ET CHANT

Paroles françaises avec accompagnement de piano.

Adam. Le Chalet. 10 fr. net 7 50
— Le Chalet, petit format. 5 fr. net . 3 75
— Giralda. 15 fr. net 11 25
— Le Postillon de Longjumeau. 12 fr. net 9 »
— Si j'étais roi. 15 fr. net 11 25
— Le Toréador. 10 fr. net 7 50
Auber. Le Cheval de bronze. 15 fr. net . 11 25
— Les Diamants de la Couronne. 15 fr. net . 11 25
— Le Domino noir. 15 fr. net . . . 11 25
— Fra Diavolo. 15 fr. net 11 25
— Haydée. 15 fr. net 11 25
— La Muette de Portici. 20 fr. net . . 15 »
— La Part du Diable. 15 fr. net . . . 11 25
Audran. Gillette de Narbonne. 12 fr. net. 9 »
— Le Grand Mogol. 12 fr. net . . . 9 »
— La Mascotte. 12 fr. net . . . . . 9 »
— Miss Helyett. 12 fr. net . . . . . 9 »
Bazin. Le Voyage en Chine. 15 fr. net . . 11 25
Berlioz. Béatrice et Benedict. 12 fr. net . 9 »
— La Damnation de Faust. 20 fr. 15 »
— L'Enfance du Christ. 12 fr. net . 9 »
— Roméo et Juliette. 12 fr. net . . 9 »
— Prise de Troye. 12 fr. net . . . 9 »
— Les Troyens à Carthage. 20 fr. net 15 »
— Les Troyens, édition conforme à la partition manuscrite déposée à la bibliothèque du Conservatoire. 1889. 25 fr. net 18 75
Bernicat et Messager. François les Bas-Bleus, 12 fr. net . . . . 9 »
Bizet. L'Arlésienne. 7 fr. net . 5 25
— Carmen. 20 fr. net . . . . 15 »
— La Jolie Fille de Perth. 15 fr. net . 11 25
— Les Pêcheurs de Perles. 15 fr. net . 11 25
Boïeldieu. La Dame Blanche. 15 fr. net . . 11 25
Bruneau. Le Rêve. 20 fr. net . . . . . 15 »
David (F.). Le Désert. 7 fr. net 5 25
— Laïla-Roukh. 16 fr. net . . . 12 »
— La Perle du Brésil. 20 fr. net . . . 15 »
Delibes (Léo). Jean de Nivelle. 20 fr. net. 15 »
— Kassya. 20 fr. net . . . . . . 15 »
— Lakmé. 20 fr. net . . . . . . 15 »
— Le Roi l'a dit. 15 fr. net 11 25
Donizetti. Don Pasquale. 15 fr. net . . . 11 25
— La Favorite. 15 fr. net 11 25
— La Fille du Régiment. 15 fr. net 11 25
— La Fille du Régiment, petit format. 8 fr. net . . . . 6 »
— Lucie de Lammermoor, 15 fr. net 11 25
Flotow (De). Martha. 15 fr. net 11 25
— L'Ombre. 15 fr. net 11 25
Godard. Le Dante. 20 fr. net . . . . . 15 »
— Jocelyn. 15 fr. net 11 25
Gounod. La Colombe. 12 fr. net . . . . 9 »
— Faust. 20 fr. net . . . . 15 »
— Mireille. 15 fr. net 11 25
Gounod. Philémon et Baucis. 15 fr. net . . 11 25
— Jeanne d'Arc. 12 fr. net . . . . 9 »
— La Reine de Saba. 20 fr. net . . 15 »
— Roméo et Juliette. 20 fr. net . . 15 »
— Sapho. 15 fr. net 11 25
— Le Tribut de Zamora. 20 fr. net . 15 »
Halévy. Charles VI. 20 fr. net . . . . . 15 »
— L'Eclair. 15 fr. net 11 25
— La Juive. 25 fr. net 18 75
— Les Mousquetaires de la Reine. 15 fr. net 11 25
— La Reine de Chypre. 20 fr. net . . 15 »
— Le Val d'Andorre. 18 fr. net . . . 13 50
Hérold. Le Pré-aux-Clercs. 15 fr. net . . 11 25
— Zampa. 15 fr. net 11 25

Lalo. Le Roi d'Ys. 20 fr. net . . . . . 15 »
Lecocq. La Camargo. 15 fr. net . . . . . 6 »
— Les Cent Vierges. 12 fr. net . . . 9 »
— Le Cœur et la Main. 12 fr. net . . 9 »
— La Fille de Mme Angot. 15 fr. net 11 25
— Girofle-Girofla. 12 fr. net . . . 9 »
— Le Jour et la Nuit. 12 fr. net . . 9 »
— Le Petit Duc. 15 fr. net 11 25
— La Petite Mariée. 12 fr. net . . . 9 »
Maillart. Les Dragons de Villars. 15 fr. net. 11 25
Massé. Galathée. 12 fr. net . . . . . 9 »
— Les Noces de Jeannette. 10 fr. net . 7 50
— Paul et Virginie. 20 fr. net . . . 15 »
— Les Saisons. 15 fr. net 11 25
Massenet. Le Cid. 20 fr. net . . . . . 15 »
— Les Erynnies. 10 fr. net 7 50
— Esclarmonde. 20 fr. net . . . . 15 »
— Hérodiade. 20 fr. net . . . . . 15 »
— Le Mage. 20 fr. net . . . . . . 15 »
— Manon. 20 fr. net . . . . . . 15 »
— Marie-Magdeleine. 12 fr. net . . 9 »
— Le Roi de Lahore. 20 fr. net . . 15 »
— Werther. 15 fr. net 11 25
Messager. La Bazoche. 20 fr. net . . . . 15 »
Meyerbeer. L'Africaine. 20 fr. net . . . 15 »
— L'Etoile du Nord. 20 fr. net . . 15 »
— Les Huguenots. 20 fr. net . . . 15 »
— Le Pardon de Ploërmel. 20 fr. net 15 »
— Le Prophète. 20 fr. net . . . . 15 »
— Robert le Diable. 20 fr. net . . 15 »
Mozart. Les Noces de Figaro. 12 fr. net . 9 »
Offenbach. La Belle Hélène. 12 fr. net . . 9 »
— Les Contes d'Hoffmann. 15 fr. net 11 25
— Les Deux Aveugles. 3 fr. net . 2 25
— La Fille du Tambour-Major. 12 fr. net . . . . 9 »
Planquette. Les Cloches de Corneville. 15 fr. net 11 25
— Rip-Rip. 12 fr. net . . . . . . 9 »
Reyer. Salammbô. 20 fr. net . . . . . 15 »
— Sigurd. 20 fr. net . . . . . . 15 »
— La Statue. 20 fr. net . . . . . 15 »
Rossini. Le Barbier de Séville. 12 fr. net. 9 »
— Guillaume Tell. 20 fr. net . . . 15 »
— Stabat Mater. 8 fr. net . . . . . 6 »
Saint-Saens. Ascanio. 20 fr. net . . . . 15 »
— Henri VIII. 20 fr. net . . . . . 15 «
— Samson et Dalila. 20 fr. net . 15 «
Salvayre. Egmont. 20 fr. net . . . . . 15 »
Thomas (A.). Le Caïd. 15 fr. net . . 11 25
— Hamlet. 20 fr. net . . . . . . 15 »
— Mignon. 20 fr. net . . . . . . 15 »
— Psyché. 20 fr. net . . . . . . 15 »
— Le Songe d'une Nuit d'été. 20 fr. net 15 »
Verdi. Aïda. 20 fr. net . . . . 15 »
— Falstaff. 20 fr. net . . . . . . 15 »
Verdi. Rigoletto. 20 fr. net . . . . . 15 »
— Othello. 20 fr. net . . . . . . 15 »
— La Traviata (Violetta). 20 fr. net . 15 »
— Le Trouvère. 20 fr. net . . . . 15 »
Wagner. Les Maîtres chanteurs (trad. Ernst) 20 fr. net . . . . 15 »
— Lohengrin. 20 fr. net . . . . . 15 »
— L'Or du Rhin. 20 fr. net . . . . 15 »
— Rienzi. 20 fr. net . . . . . . 15 »
— Siegfried. 20 fr. net . . . . . 15 »
— Tannhäuser. 20 fr. net . . . . 15 »
— Tristan et Yseult. 20 fr. net . . 15 »
— Le Vaisseau Fantôme. 20 fr. net . 15 »
— La Valkyrie. 20 fr. net . . . . 15 »
— Le Crépuscule des Dieux. 20 fr. net. 15 »
— Parsifal. 20 fr. net . . . . . . 15 »

Partitions et Recueils pour Piano seul (suite).

PARTITIONS ET RECUEILS POUR PIANO SEUL

Adam (A.). Giralda. 10 fr. net 7 50	Auber. Les Diamants de la Couronne.
— Le Postillon de Longjumeau. 10 fr.	10 fr. net 7 50
net 7 50	— Le Domino Noir. 8 fr. net. ... 6 »
— Le Chalet. 6 fr. net.. .... 4 50	— Haydée. 8 fr. net........ 6 »

Auber. La Muette de Portici. 10 fr. net. 7 50	Massenet. Le Cid. 12 fr. net .... 9 »
— La Part du Diable. 8 fr. net. ... 6 »	— Esclarmonde. 12 fr. net .... 9 »
Audran. La Cigale et la Fourmi. 8 fr. net. 6 »	— Hérodiade, 12 fr. net .... 9 »
— Le Grand Mogol. 8 fr. net. ... 6 »	— Le Mage. 12 fr. net ...... 9 »
— La Mascotte. 8 fr. net. ...... 6 »	— Manon. 10 fr. net 7 50
— Miss Helyett. 8 fr. net. ..... 6 »	— Le Roi de Lahore. 12 fr. net .. 9 »
Berlioz. Damnation de Faust. 12 fr. net. 9 »	— Werther. 10 fr. net 7 50
Bizet. Carmen. 12 fr. net .... 9 »	Messager. La Basoche. 10 fr. net. 7 50
— L'Arlésienne. 5 fr. net. 3 75	Metra (O.). Danses choisies en 3 vol.
— Jolie Fille de Perth. 10 fr. net. .. 7 50	chaque 10 fr. net. 7 50
— Les Pêcheurs de Perles. 10 fr. net. 7 50	Meyerbeer. L'Africaine. 12 fr. net .... 9 »
David. Le Désert. 10 fr. net in-4. .... 7 50	— L'Etoile du Nord. 10 fr. net. . 7 50
— La Perle du Brésil. 10 fr. net ... 7 50	— Les Huguenots. 12 fr. net .. 9 »
Delibes. Jean de Nivelle. 12 fr. net ... 9 »	— Le Pardon de Ploërmel. 10 fr. net 7 50
— Lakmé. 10 fr. net 7 50	— Le Prophète. 12 fr. net .... 9 »
— Le Roi l'a dit. 10 fr. net. 7 50	— Robert le Diable. 12 fr. net .. 9 »
— Coppélia, ballet. 10 fr. net. ... 7 50	Offenbach. Les Contes d'Hoffmann. 10 fr. net 7 50
— Sylvia, ballet. 10 fr. net. 7 50	— La Fille du Tambour-Major.
— Scène de bal du Roi s'amuse 4 fr net 3 »	8 fr. net .... 6 »
Donizetti. La Fille du Régiment. 10 fr. net 7 50	— La Belle Hélène. 7 fr. net. ... 5 25
— La Favorite. 10 fr. net 7 50	— La Grande-Duchesse de Gérols-
— Lucie de Lammermoor. 8 fr. net. 6 »	tein. 8 fr. net. .... 6 »
Fahrbach. Les Soirées de Pesth. 10 fr. net 7 50	— Madame Favart. 8 fr. net. .. 6 »
— Soirées parisiennes. 10 fr. net. 7 50	— La Périchole. 8 fr. net .... 6 »
— Les Soirées viennoises. 10 fr. net. 7 50	Planquette. Cloches de Corneville. 10 fr.
— Les Soirées de Pétersbourg.	net 7 50
10 fr. net. 7 50	— Rip-Rip. 8 fr. net. ...... 6 »
— Les Soirées de Londres. 10 fr. net 7 50	Reyer. Sigurd. 12 fr. net. .... 9 »
Flotow (De.). Martha. 10 fr. net 7 50	— Salammbô. 12 fr. net. ..... 9 »
— L'Ombre. 10 fr. net 7 50	Rossini. Guillaume Tell, opéra en 4 actes.
Gounod. Faust. 10 fr. net 7 50	12 fr. net. .... 9 »
— Faust. ballet. 5 fr. net 3 75	Saint-Saëns. Ascanio. 12 fr. net. ...... 9 »
— Mireille. 10 fr. net 7 50	— Samson et Dalila. 12 fr. net . 9 »
— Philémon et Baucis. 10 f. net . 7 50	Strauss (Joseph-Edouard-Johann). Bals et
— La Reine de Saba. 10 fr. net .. 7 50	concerts de Vienne, célèbre ré-
— Roméo et Juliette. 10 fr. net .. 7 50	pertoire en 4 volumes. Chaque
— Tribut de Zamora. 10 fr. net .. 7 50	10 fr. net. 7 50
Halévy (F.). Charles VI. 12 fr. net. .... 9 »	Thomas. Mignon. 10 fr. net 7 50
— L'Eclair. 8 fr. net .... 6 »	— Hamlet. 12 fr. net. ...... 9 »
— La Juive. 12 fr. net. .... 9 »	— Le Caïd. 10 fr. net. 7 50
Hérold (F.). Le Pré-aux-Clercs, 10 fr. net. 7 50	— Le Songe d'une Nuit d'été. 10 fr.
— Zampa. 10 fr. net. 7 50	net. 7 50
Lalo. Le Roi d'Ys. 10 fr. net. 7 50	Varney. Les Mousquetaires au Couvent.
Lecocq. Le Cœur et la Main. 8 fr. net .. 6 »	8 fr. net .... 6 »
— Le Jour et la Nuit. 8 fr. net ... 6 »	— Les Petits Mousquetaires. 8 fr. net. 6 »
— La Fille de Mme Angot. 8 fr. net. 6 »	Verdi. Aïda. 12 fr. net. .... 9 »
— Girofflé-Girofla. 8 fr. net ... 6 »	— Falstaff. 12 fr. net. .... 9 »
— La Petite Mariée. 8 fr. net ... 6 »	— Rigoletto. 10 fr. net. ...... 7 »
— Le Petit Duc. 10 fr. net. 7 50	— Le Trouvère. 12 fr. net. 9 50
Maillart (A.). Les Dragons de Villars.	— La Traviata (Violetta). 12 fr. net . 9 »
10 fr. net. 7 50	Wagner. Lohengrin. 12 fr. net ...... 9 »
Massé (V.). Galathée. 7 fr. net. 5 25	— Tannhäuser. 12 fr. net. ..... 9 »
— Les Noces de Jeannette. 6 fr. net. . 4 50	Waldteufel. Danses choisies en 5 vol.
— Paul et Virginie. 12 fr. net .... 9 »	Chaque 10 fr. net 7 50

RECUEILS DE MÉLODIES
(Piano et chant.)

Bizet (G.). Recueil de 20 mélodies. 2 vol. 10 fr.	C. Edition contralto ou basse. 4 volumes.
net. 7 50	Chacun, 10., net. 7 50
Edition A. Mezzo-soprano ou baryton.	Massenet (J.). Recueil de 60 mélodies en 4 vol.
Edition B. Soprano ou ténor.	Chacune, 10 fr., net.. .... 7 50
Faure (J.). Recueil de mélodies en 4 volumes.	N° A. Ténor et soprano.
Chacun, 10 fr., net. 7 50	N° B. Baryton ou mezzo-soprano.
Edition A. pour baryton.	Schubert (François). 40 mélodies choisies, paroles
Edition B, pour ténor.	de Bellanger. 7 fr., net. 5 25
Gounod (Ch.). Recueil de ses mélodies.	Schumann (Robert). 30 mélodies avec texte alle-
A. Edition mezzo-soprano ou baryton. 4 vol.	mand et traduction française, par Jules Bar-
Chacun. 10 fr., net. 7 50	bier. 10 fr., net. 7 50
B. Edition soprano ou ténor. 4 volumes. Cha-	Saint-Saëns. Recueil de ses 20 meilleures mélo-
cun, 10 fr., net. 7 50	dies. 1 vol. 10 fr., net. 7 50

PARTITIONS A QUATRE MAINS

Bizet L'Arlésienne	7 50		Wagner. Lohengrin	11 25
Verdi. Aïda	13 50		Flotow. Martha	15 »
Adam. Le Chalet	11 25		A Thomas. Mignon	15 »
Bizet. Carmen	15 »		Gounod Mireille	11 25
F. David. Le Désert	11 25		— Roméo et Juliette	15 »
Berlioz. La Damnation de Faust	15 »		Berlioz. Roméo et Juliette	11 25
Delibes. Coppélia (ballet)	15 »		Reyer. Sigurd	15 »
Massenet. Le Cid (ballet)	5 25		Adam. Si j'étais roi	11 25
— Les Erinnyes	7 50		Berlioz Symphonie fantastique	11 25
Gounod. Faust	11 25		Delibes. Sylvia (ballet)	11 25
— Faust (ballet)	5 25		Rossini. Stabat Mater	7 50
Donizetti. Fille du Régiment	11 25		Wagner. Le Vaisseau Fantôme	15 »
A. Thomas. Hamlet	18 75		Saint-Saëns. La Lyre et la Harpe	7 50
Halévy. La Juive	18 75		Massenet. Manon	15 »
Massenet. Hérodiade (ballet)	4 50		Delibes. Le Roi s'amuse	2 25
Delibes. Lakmé	11 25		Meyerbeer. L'Africaine	18 75

Méthodes et Études pour Piano

Bertini 1er cahier op 100,25 études faciles	3 »
— 2e — op 29, 25 études	3 »
— 3e — op 32,25 études	3 "
— 4e — op 134,25 études	5 »
— 5e — 25 études dédiées à Cramer	5 »
— 6e — op 66, 25 études caractéristiques	6 25
— 7e — op 94, 25 études-caprices	7 50
Bull. 1er cahier op 90, études mignonnes	3 •
— 2e — op 95 études récréatives	3 »
— 3e — op 98, études de genre	3 »
— 4e — op 100, études pittoresques	3 75
Burgmüller 1er cahier op 100 études faciles	3 »
— 2e — op 109, études genre	3 »
— 3e — op 105, études brillantes	3 »
Cramer 2e livre d'études	6 25
Concone 1er cahier op 24, 25 études mélodiques	3 »
— 2e — op 30,20 ét. chantantes	3 »
— 2bis — op 60,15 — brillantes	3 »
— 3e — op 144,15 — expressives	3 »
— 4e — op 125,15 — de genre	3 75
— 5e — op 31.15 — de style	3 »
— 6e — op 57,15 — sentimentales	3 75
Duvernoy. — Le Guide du Lecteur	3 75
Hanon. — Le pianiste virtuose	4 50
Kessler. — 24 études (revues par G. Pierne)	6 25
Lack op. 85 1er cahier études de Mlle Didi	2 50
— — 2e — —	2 50
— — 1er cahier exercices de Mlle Didi	2 50
— — 2e — —	2 50
Lacout. Petite Vélocité	3 •
Lecarpentier. Méthode de piano	3 »
— — (2e partie)	3 »
Le Couppey. A-B-C. du piano	
— Méthode pour les commençants	3 75
— L'alphabet,25 études très faciles	3 »
— Le progrès, 25 études faciles	3 »
— Le rythme, 25 etudes sans octaves	3 "
— L'agilité, 25 études progressives	3 »
— Préface à la vélocité de Czerny, 15 études	3 »
— Le style, 25 études de genre	3 75
— Ecole du mécanisme, 15 séries d'exercices	3 75
Le Couppey La difficulté, 15 études	3 »
— La virtuosité,50 études difficiles	2 25
Lemoine. Méthode de piano	3 »
— — (2e partie)	3 75
— 50 études 1er livre	2 50
— — 2e —	2 50
Leduc. Méthode élémentaire de piano	3 »
Marmontel. Exercices modulés en 7 cahiers chacune	2 25
Moschelès. 24 grandes études 1er livre	4 50
— — — 2e livre	4 50
Ravina op 60, études mignonnes	5 •
— op 50, études harmonieuses	5 »
— op 83, études artistiques	6 »
— op 89, exercices chantants	3 75
Bernard Rie op 32, exercices des 5 doigts	3 •
— op 33, Le début	3 »
— op 34,25 études de mécanisme	3 75
— op 35, Le progrès	3 75
— op 39, exercices journaliers	3 75
— op 42, rythme et articulation	4 50
Schmoll Nouvelle méthode de piano en 5 parties, chacune	2 25
Stamaty. Le rythme des doigts	3 75
Stephen Heller. op 47 n° 1, 25 études de rythme et d'expression	2 50
— — n° 2	2 50
— Les deux vol. ci-dessus réunis	4 50
— 3e livre op 46, 30 études progressives n° 1	3 »
— 4e livre op 46 — (n° 2)	3 »
— Les deux vol. ci-dessus réunis	5 »
— 5e livre op 45, introduction à l'art de phraser (n° 1)	3 75
— 6e livre op 16, l'art. de phraser n° 1	3 »
— 7e — op 16, n° 2	3 »
— 8e et 9e livre op 81, 24 préludes réunis	3 75
Stréalbog op 63, premières études	3 »
zerny op 848, 30 nouveaux exercices journaliers	3 »
Enkausen école du piano à 4 mains, 4 cahiers chacun	2 25
Zimmermann Gammes	1 90
Concone op 46, études élémentaires à 4 mains	3 •
— op 38 Etudes dialoguées	3 »
— op 39 — de salon	3 75
— op 45 — d'expression	3 75
— op 40 — caractéristiques	3 »
— op 58 — dramatiques	3 75

Ouvrages d'Harmonie

Bazin. Cours d'harmonie	18 75
Catel. Petit traité d'harmonie	1 50
Dubois Notes et études d'Harmonie (supplément au Traité de Réber)	13 50
Durand. Traité d'harmonie	18 75
— Réalisations du Traité	9 »
— Traité d'accompagnement	13 50
— Abrégé du Traité d'harmonie	7 50
— Réalisations de l'Abrégé	3 75
— Théorie musicale	5 25
Max Georges. Traité d'harmonisation	15 »
Gevaërt. Traité d'instrumentation	18 75
— Traité d'orchestration	18 75
Guiraud. Traité d'instrumentation	4 50
Hugounenc. Traité d'harm. en 2 *vol.* chaque	11 25
Loquin. L'Harmonie rendue claire	40 »
Philippot. Traité d'harmonie	11 25
Rahn. L'Harmonie popularisée	11 25
Reber. Traité d'harmonie	16 »
H. Vatin. Cours populaire d'harmonie, 1re partie	1 15
— Cours populaire d'harmonie, 2e et 3e partie réunies	1 50
— Cours populaire d'instrumentation	1 50
Wachs. Petit traité d'harmonie	3 »

SOLFÈGE

Claude Augé. Le Livre de musique	1 35
Batiste. Petit solfège méthodique	6 »
Danhauser. Solfège des solfèges, en 10 volumes, sans accompagnement de piano, chacun	0 60
— Les mêmes avec piano, chacun	3 75
— Théorie musicale	3 »
— Abrégé de la théorie	» 40
— Questionnaire de la théorie	» 40
Donne. Théorie musicale (questionnaire)	» 65
— Théorie musicale (réponses)	» 65
Lavignac. Solfèges manuscrits en 6 volumes, sans accompagnement de piano, chacun	1 50
— Les mêmes avec piano, chacun	3 75
Marmontel. La 1re année de musique	1 15
— La 2e — —	2 50
Müller. Solfège théorique et pratique	1 10
— Le même avec piano	5 »
Panseron. A.-B.-C. musical sans accomp	1 90
— Le même avec piano	7 50
— Suite de l'A-B-C, sans accomp	2 65
— Solfège d'artiste	4 50
Savard. Premières notions de musique	» 45
— Principes de musique	3 50
Trojelli. Petit manuel des premiers principes de musique	» 40
Rodolphe. Solfège élémentaire	1 50

OUVRAGES DE CHANT

St-Yves-Bax. Exercices journaliers	5 »
Bussine. Pages d'exercices	5 »
Concone. 50 leçons de chant pour le médium de la voix, 2 *cahiers*, chacun	4 50
Faure. La Voix et le Chant	15 »
— Une année d'étude, voix d'homme	6 »
— — — voix de femme	6 »
Garcia. L'Art du chant	15 »
Viardot. Une heure d'étude, 2 *cahiers* à	3 75

MUSIQUE

POUR

ORGUE & HARMONIUM

G. Bizet. 120 morceaux religieux, 2 *vol.* à	3 75
Berthemet. L'office religieux, 20 morceaux	2 25
De Calonne. Les Harmonies de l'orgue 1er volume, office du matin	3 75
2e — office du soir	3 75
Th. Dubois. 12 pièces pour grand orgue	6 »
» 12 pièces nouvelles id	6 »
C. Franck. L'Organiste (œuvre posthume)	3 75
Gigout. 10 pièces pour grand orgue	6 »
Gounod. 120 morceaux religieux, 2 vol à	3 75
Salomé. 10 pièces (1er volume), grand orgue	4 50
— 10 pièces (2e vol.), grand orgue	4 50
— 12 pièces nouvelles id	6 »
Tritant. L'Office pratique de l'organiste.	
— 1er volume, 56 versets pour les magnificats	2 25
— 2e volume, 80 strophes dans tous les tons	3 75
— 3e volume, 218 versets courts et faciles	3 75
— 4e volume, office du matin (messe)	3 75
— 5e volume, office du soir (vêpres)	2 25
— 6e — 20 marches solannelles	2 25
— 7e volume, 24 prières	2 25
— 8e — 12 offertoires solennels	2 25
— 9e — 150 antiennes	3 75
— 10e — 50 nouvelles strophes	3 75
— 11e — La grand'messe	3 75
— 12e — 25 nouveaux offertoires	3 75
— 13e — Messes paroissiales	3 75
Verdi. 120 morceaux religieux, 2 volumes à	3 75
Vilbac. Méthode d'harmonium	3 75
— Etudes extraites de la méthode	2 25
Wachs. L'organiste moderne	3 »
— Traité de plain-chant	2 25
Vilbac. L'instituteur organiste	2 25
S. Rousseau. 12 pièces pour grand orgue	6 »
— 15 — — — —	6 »
Boëllmann. 12 pièces pour grand orgue	6 »
C. Franck. 6 — — — — —	7 50
— 3 — — — —	3 75
— 3 chorals — — —	4 50
Gigout. 6 pièces — —	5 25
— 3 — — — —	3 75
G. Pierné. op 29, 3 — — —	3 »
St Saëns. op 7, 3 rhapsodies sur des cantiques bretons	3 »
Tournaillon. 3 messes faciles	3 »

MORCEAUX DE PIANO SEUL
FANTAISIES, AIRS VARIÉS, DANSES, ARRANGEMENTS

Adam. Si j'étais roi (ouverture)...... 1 90
Ascher. Danse espagnole......... 1 50
— l'Eclair.. .... 1 50
— Mazurka des traineaux....... 1 50
— Sans souci (galop)....... 1 90
Auber. Diamants de la Couronne (ouverture)........ 1 90
— Domino noir (ouverture).. .... 1 90
Audran. Miss Helyet (valse)....... 1 50
Bachmann. Chanson du bon vieux temps. 1 25
— Les Sylphes (valse)..... 1 50
Badarzewska. Prière d'une vierge. 1 25
Battmann. Mignon. 1 25
— Oiseaux légers.. 1 25
— Si j'étais roi. 1 25
Bécucci. A pouffer rire (polka).. 1 25
Beethoven. Lettre à Elise. 1 25
Bellenghi. Voix de la brise (valse).. 1 50
Berdalle. Domino rose (polka).. 1 25
Bernardel. Premier jour de bonheur (Djins) » 75
Beyer. Fille du régiment. 1 25
Besmaski. Coquetterie.. 1 50
Brahms Danses hongroises (1er livre).. 3 »
— — (2e — 3 »
Billéma. Gazouillement d'oiseaux. 1 90
— La Traviata (valse). 1 50
Bizet. L'Arlésienne, 1er menuet. 1 50
— — 2e — 1 50
— — (ouverture). 1 50
— Le Départ. 1 25
— Le Retour. 1 25
— Les Rêves. 1 25
Blumenthal. La Source 1 25
Boieldieu. La Dame blanche (ouverture). 1 90
Borel. Le Cocoyer. 1 25
Boué. Bouquet de valses. 1 50
Bouleau-Neldy. La Voix du Ciel. 1 90
Bousquet. Souvenir de Baden-Baden 1 50
De Bracy. Nid d'aigle (polka). 1 25
Braungardt. Murmure des bois. 1 25
Bresles, Par le flanc droit (marche) 1 50
Brisson. Pavane favorite de Louis XIV. 1 25
Broustet. Rêve après le bal. 1 25
Bucalossi. La Gitana (valse). 1 50
Bull. Carmen (fantaisie). 1 50
— — (habanera) 1 50
— Faust (1re fantaisie). 1 50
— — (2e —). 1 50
— Mascotte (1re —). 1 50
— — (2e —). 1 50
Buot. Céleste (valse). 1 50
Burgmüller. Le Carillonneur de Bruges. 1 50
— Le Juif Errant (valse) 1 50
— Le Pardon de Ploërmel. 1 90
Capitani. Illusioni (valse).. 2 25
Carman. Valse en ut 1 25
— Suzette et Suzon. 1 25
Chabrier. Espana (rhapsodie). 3 »
Chanaud. Pavane Louis XV. 1 50
Chaminade. Air de ballet. 1 90
— Fileuse. 1 90
— Humoresque. 1 50
— La Lisonjera 1 90
— Lolita. 1 90
— Mélancolie 1 50
— Morena. 1 50
— Pas des Echarpes. 1 50
— Pierrette 1 25
— Moréna. 1 50
Chavagnat. Les Pupazzi.. 1 50
Colomer. Pas de la Clochette. 1 25
Comettant. La Sympathie. 1 50
Coote. Bric à brac (polka). 1 25
— Fleur de blé (valse). 1 50
— Ma reine (valse). 1 50
Corbin. Santiago — 1 50

Coverley. Gigue américaine. » 75
Cramer. Danse macabre. 2 25
Croisez. Halte de Bohémiens. 1 90
— L'Hirondelle et le Prisonnier 1 50
— Les Noces de Jeannette 1 50
Croze. Trianon 1 50
Czibulka. Gavotte Stéphanie 1 50
— Gavotte de la Princesse 1 25
D'Albert. Sultan (polka). 1 25
David. Sur la terre et sur l'onde. 1 50
— La Pluie. 1 25
Dédé. Linga'ing (polka). 1 25
Delahaye. Colombine. 1 25
Léo Delibes. Coppélia (prélude et valse). 1 90
— (valse de la poupée). 1 25
— Le Roi s'amuse (passepied). 1 25
— Sylvia (pizzicati) 1 25
— (valse lente). 1 50
Delioux. Carnaval espagnol. 1 90
Deransart. Polka de la Estudiantina. 1 25
— Le Grand Mogol (polka). 1 25
— La Mascotte (polka). 1 25
— Rip (polka) 1 25
Desgranges. Il Baccio (valse). 1 50
Desormes. Iéna (marche). 1 50
— Sérénade des Mandolines. 1 25
Dessaux. Cloches de Corneville (quadrille). 1 25
— Bucéphale (galop). 1 50
— Le Derby (galop). 1 25
— Le petit Baiser (valse). 1 »
— La petite Sylphide (valse). » 75
— Chants d'Espagne. 1 »
Diémer. Chant du nautonnier. 1 90
Dubois. Chacone 1 25
— Chœur et danse des Lutins. 1 25
Durand. Annette et Lubin. 1 25
— Chacone. 1 25
— Pomponette. 1 25
— 1re valse. 1 50
— 2e — 1 50
— 5e — 1 50
Eisenberg. Le Régiment qui passe. 1 50
Elsen. Cyclamen (valse).. 1 50
— Ninon. 1 25
Fahrbach. Les Chanteurs des bois (valse). 1 50
— La Dame de cœur (polka). 1 25
— Polka des officiers. 1 25
— Salut à Copenhague. 1 25
— Tout à la joie (polka). 1 25
— Le Verre en main (polka. 1 25
Faugier Chouchou (facile). » 75
— Raton (facile). » 75
Carl Faust. Thérezen (valse) 1 50
Favarger. Boléro. 1 90
— Faust. 1 90
Febvre. Ce que chantait grand'mère. 1 50
Fischer. Etoiles filantes. 1 50
— Hop ! Hop ! (galop) 1 50
— La jolie Hongroise. 1 50
— Lili (valse facile). » 75
— Polka des marteaux. 1 25
— Train de plaisir (galop). 1 25
Funke. Ecoutez-moi » 65
Galéotti. Menuet. 1 25
Galos. Chant du berger 1 25
Gangloff. Souvenir d'Ostende. » 75
Ganz. Qui vive ! (galop).. 1 90
Ganne. All-Right (polka). 1 25
— Arlequinade 1 25
— La Czarine (mazurka) 1 25
— La Houzarde. 1 50
— Marche Lorraine. 1 50
— — Russe. 1 50
— — des petits matelots. 1 50
— Menuet rose. 1 25
— La Mousme 1 25

Morceaux de Piano seul (suite).

Ganne. La Tsigane.	1 25
— Valse des blondes.	1 50
— — brunes.	1 50
— — lotus	1 50
L. Gauthier. Céleste prière.	1 50
— Sous l'ombrage.	1 »
— Le Vertige.	1 25
Gerville. Le Bengali au réveil.	1 »
Ghys. Air Louis XIII	1 25
Gillet. Au moulin.	1 50
— Babillage.	1 50
— Bonne maman.	1 50
— Brises du soir.	1 50
— La Circassienne.	1 50
— Dans la forêt.	1 50
— Douce caresse.	1 50
— Doux murmure.	1 25
— Entr'acte gavotte.	1 25
— Lamento.	1 »
— Loin du bal	1 25
— Passepied.	1 50
— La Toupie	1 50
— Pizzicati	1 50
— Sommeil d'enfant	1 25
— Sous les palmiers	1 50
— Sous l'ombrage	1 25
Gobbaerts Tramway galop.	1 »
Godard Au matin.	1 50
— Bébé (polka)	» 65
— Berceuse de Jocelyn.	1 50
— En courant	1 90
— En valsant.	1 90
— 2° mazurka.	1 50
— 4° —	1 50
— Solitude.	1 25
— 2° valse.	1 50
— 5° — (chromatique).	1 90
— Fileuse	1 90
— Les Hirondelles	» 75
Godefrey. Les Gardes de la reine (valse).	1 50
Godefreid. Les Jardins d'Armide.	1 90
Godofrey. Mabel (valse).	1 50
Godefroid, Noce au village.	1 25
— Réveil des fauvettes.	1 90
— Tyrolienne favorite.	1 25
Goetschy. Espoir de retour.	1 50
Gottschalk. Le Bananier.	1 90
— Jota aragonésa.	1 90
— Pasquinade.	1 90
Gounod. L'Angélus.	» 75
— Faust (valse).	1 50
— — — facile.	1 25
— Le Lierre.	1 25
— Marche funèbre d'une marionnette.	1 25
— — religieuse.	1 50
— Méditation de Bach.	1 50
— Passacaille de Bosch.	1 25
— Les Pifferari	» 75
— Roméo et Juliette (valse).	1 50
— Le Soir.	1 25
Gregh. Bergers Watteau.	1 50
— Coquetterie	1 90
— Immensité (valse)	1 50
— Joyeux papillons.	1 90
— Retour des moissonneurs.	1 25
Gungl. Les Amourettes (valse).	1 50
Hafemeister. Boléro.	1 25
— Le Chant des vagues (valse)	1 50
— Les Flots du Rhin (valse)	1 50
— La Frileuse (scottisch).	» 60
— Les Gloires françaises (ouvert.)	1 25
— Harmonie céleste (valse.)	1 50
— Juliette (valse.)	1 25
— Joyeux départ (polka).	1 »
— Les Nymphes (mazurka)	» 75
— Polka des clowns	1 »
— La Rêveuse (mazurka).	» 75
— Soir d'été —	1 25
— Souvenir du bal (mazurka).	1 25
Hafemeister. Le Poète et l'Hirondelle (caprice).	1 50
— Loin du pays (rêverie).	1 25
Heller. La Truite de (Schubert)	2 25
Henrion. Jardin d'Hiver	1 25
Hérold. Pré-aux-Clercs (ouverture)	1 90
— Zampa —	1 90
Herz. Andante du 5° concerto.	1 50
— Le Chalet.	1 25
Hess. Le Carnaval de Venise.	1 25
— Où vas-tu petit oiseau.	1 50
— Valse des adieux	1 25
Hitz. Bonjour	1 25
— Bonne nuit	1 25
— Bonsoir.	1 25
— Dans les Blés	1 25
— Joyeux Moulin	1 25
— Sérénata (de Braga)	1 25
Izouard. Éclats de rire (polka.)	1 25
— Joyeux ébats —	1 25
Janvrot. Polka des Moineaux	1 25
Joncières. Sérénade Hongroise.	1 90
Josset. Fantaisie (mazurka).	1 50
Jouberti. Un bal chez le Ministre	1 25
Jugmann. Le Mal du pays	1 »
Ketterer. Argentine	1 50
— Le Chant du Bivouac.	1 50
— Grand caprice hongrois.	2 25
— Valse des fleurs	1 90
— Vienne (galop)	1 50
Klein. Cœur d'artichaut	1 90
— Cœur d'Yvette (valse).	1 90
— Fraises au champagne (valse)	1 90
— Marquise et Divette —	1 90
— Peau de satin —	1 90
Kœnnmann. Le Freimesberg —	2 25
Kolisch. Les Flots du Danube	1 50
Kraal. La Viennoise (marche).	1 25
Krüger. La Harpe éolienne	1 25
Kuhé. Feu follet	1 25
Lack. Boléro.	1 50
— Cabaletta	1 25
— Chanson du voyageur	1 25
— Chant d'Avril	1 25
— Chant du ruisseau.	1 50
— Danse slave	1 90
— Etoiles filantes	1 50
— Idilio	1 »
— Istorietta	1 25
— Les Néréides	1 50
— L'Oiseau-mouche.	1 25
— Pendant la valse	1 25
— Sorrentina	1 25
— Souvenir d'Alsace	1 »
— Tsiganyi	1 25
— Tarentelle.	1 25
— Valse aérienne.	1 50
— — arabesque.	1 90
— — interrompue.	1 50
— Un tour de valse.	1 25
Lacombe. Aubade printanière	1 50
Lacôme. La Féria	3 «
— Gitanilla.	2 50
— Mascarade.	3 »
— Noces gasconnes	3 75
Lambert. Au clair de la lune.	2 25
— Malbrough.	2 25
Lamothe. Chanson arabe.	1 50
— Chants d'Alsace.	1 50
— — — (facile).	» 75
— La Malle des Indes.	1 50
— Le premier Baiser (valse).	1 50
— Scottisch des Pierrots.	1 50
Landry. Valse des Mouches	1 50
Lange. Alleluia d'Amour.	1 90
Langer. Grand'maman.	1 25
— Grand-papa.	1 25
— Gavotte d'amour.	1 25
Lebeau. Au printemps.	1 50

Morceaux de Piano seul (suite.)

Lecarpentier. Chasse des Princes (quadrille)	1 25
— La Chasse du Jeune Henri	1 25
— La Dame Blanche	1 50
Lecoq. Les Cent Vierges (valse)	1 50
Lefébure-Wély. Les Cloches du monastère	1 90
— Titania	1 90
Lemaire. Gavotte des Mathurins	1 25
Leroux. Une soirée près du lac	1 25
Leybach. Faust	1 90
— 1er Boléro brillant	1 90
— Les Rameaux (de Fauré)	1 50
— Thème allemand	2 25
Liebig. Boîte à musique	1 50
Liszt. Adieu (de Schubert)	1 15
— Sérénade (de Schubert)	1 50
— Tannhäuser, romance de l'Etoile	1 25
Litolff. Chant de la fileuse	1 90
— Fracasti (valse)	1 55
Loffler. Lauterbach	1 25
A. Louis. Marche du Président	1 25
Lowtian. Vénétia (valse)	1 50
Luijini. Ballet égyptien	2 25
Lysberg. Baladine	1 90
— Idylle	1 25
Malleville. Souvenir de Trye-Château	1 25
Marcailhou. Indiana	1 25
— Le Torrent	1 25
G. Marie La Cinquantaine	1 25
— Sérénade badine	1 25
Mascagni. Chevalerie rustique (intermezzo)	1 50
V. Massé. Noces de Jeannette (ouverture)	1 90
Massenet. Aragonaise du Cid	1 25
— Elégie	1 »
— Méditation de Thaïs	1 25
Tito Mattei. Le Tourbillon (galop)	2 »
Mayeur. Bonjour, Suzon	1 30
Meissler Sous les étoiles (valse)	1 50
— Vision —	1 50
C. de Mesquita. Valse des guitareros	1 50
O. Métra. Cloches de Corneville (valse)	1 50
— Les Faunes —	1 50
— François les Bas bleus —	1 50
— Gambrinus —	1 50
— Grand Mogol (quadrille)	1 25
— Mascotte (valse)	1 30
— Mélancolie —	1 50
— La Newa (mazurka)	1 25
— La Neige (valse)	1 50
— La Nuit —	1 50
— Les Roses —	1 50
— Le Soir —	1 50
— La Sérénade (valse)	1 50
— Le Tour du monde (valse)	1 50
— La Vague —	1 50
Meyerbeer. 3e Marche aux flambeaux	1 90
— Schiller-Marsch	1 90
Meyer-Lutz. Pas de quatre	1 50
Michaëlis. Patrouille turque	1 25
Michiels. Royal Czardas	1 50
Micheuz. Baisers d'oiseaux	1 25
Millœcker. Carlotta	1 50
Missa. Jéna (marche)	1 50
— Pour le Tzar (marche)	1 50
— La triomphante (valse)	1 50
— Les Glaneuses —	1 50
Missler. Chant d'amour	1 25
— Ramage d'oiseaux	1 50
Moniot. Le Crépuscule	1 25
Moszkowsky. Sérénata	1 »
Muller. Légendes d'amour	1 50
Neustedt. Carillon Louis XIV	1 25
— Gavotte favorite de Marie-Antoinette	1 50
— Mignon	1 50
— Oiseaux légers	1 50
— Sérénade du Passant	1 50
Nicolaï. Ouv. des Commères de Windsor	1 90
Nollet. Menuet	1 25
— Menuet à la cour	1 25
Normand. Polka des étudiants	1 25
— Polka des Fous	1 25
Osborne. Pluie de Perles	1 50
Padérewsvky. Menuet	1 50
Paladilhe. Mandolinata	1 25
— Patrie (valse du ballet)	1 55
Parlow. Enclume (polka)	1 25
F. Paul. Baby (polka)	1 25
— Berline parisienne	1 25
— Barn-Dance	1 25
— Le Polo (quadrille)	1 25
Perronet. Théodora (valse)	1 90
Pessard. Andalouse	1 25
— Mazurka de concert	1 50
— Pas des Marionnettes	1 25
Pfeiffer. Bruit d'ailes	1 90
— Inquiétude	1 90
— 4e mazurka	1 50
G. Pierné. Sérénade	1 25
Pihier. Marche des Saints-Cyriens	1 25
Pillevesse. Les Ivresses	1 50
Planquette. Berceuse de Panurge	1 25
Polonio. Souvenir du Brésil	1 50
Prudent. Danse des Fées	2 25
— Le Rêve d'Ariel	2 25
Quidant. Mazeppa	1 50
Raff. Cavatine	1 25
— La Fileuse	1 50
— Impromptu (valse)	1 90
— Polka de la Reine	1 90
Ravina. Dernier souvenir	1 25
— Historiette	1 90
— Nocturne	1 25
— Petit boléro	1 90
Resch. Amour discret	1 25
Reyer. Salambô, 2 suites à	1 90
Richards. Chant du soir	1 50
— Marie	1 50
Ritter. Les Courriers	1 90
— Le Chant du Braconnier	1 90
— La Zamacuéca	1 25
Roche. Gavotte des Fleurs	1 25
Rosellen. 6 rêveries, 1er livre	1 50
— — 2e —	1 15
Rossini. Guillaume-Tell (ouverture)	1 90
Roubier. Marche des Troubadours	1 50
— Suavita (mazurka)	1 50
Rubinstein. Deux mélodies, op 3	1 25
— Valse Caprice	2 25
Rummel. Miserere du Trouvère	1 25
St Saëns. Le Cygne	1 »
— Prélude du Déluge	1 25
Saraz. X. (quadrille)	1 50
L. Sari. Ronde des Elfes	1 25
Schuloff. Le Carnaval de Venise	2 25
— Galop de Bravoure	1 90
— Menuet de la Symphonie de Mozart	1 25
— Grande valse	1 90
— 2e valse	1 90
Schumann. Rêverie	65
Sellenick. Marche de Richard Wallace	1 25
— Marche Indienne	1 25
Sergent. A bientôt	1 25
— Pensons à eux	1 25
S. Smith. Chanson russe	1 50
— Harpe éolienne	1 50
Snyders. Les Dragons de Villars	1 50
Spindler. Le Trot du cavalier	1 50
Strauss. Aimer - boire - chanter (valse)	1 50
— Beau Danube bleu (valse)	1 50
— Baron Tzigane (valse)	1 50
— Mille et une nuits (valse)	1 50
— Orphée aux enfers (quadrille)	1 25
— Vie d'artiste (valse)	1 50
— Valse du Couronnement	1 50
— La Vie parisienne (quadrille)	1 25

Morceaux de Piano seul (suite).

Streabbog Do, ré, mi, fa (facile). . . . . » 75
— Carnaval de Venise. . . . . . 1 »
Streich. Les Hirond-lles. 2 25
Strobl. Carte postale (polka). 1 25
— Dépêche télégraphique (valse). . 1 50
— Gloire aux femmes (mazurka). . . 1 25
Suppé. Poète et Paysan (ouverture). . . 1 50
Talexy. Diane (polka-mazurka). 1 50
— Les Mouches. 1 90
— Musidora (mazurka). 1 25
Tavan. Galanterie (polka) 1 25
— Noce arabe. 1 25
— Valse des Sybilles. 1 50
Tellam. Bataille de confetti. 1 25
— Le Corso blanc (polka). 1 25
— Nice station (valse). 1 50
— Veglione (polka). 1 75
— Violettes de Nice (polka). . . 1 25
— — Russe (Mazurka). . . . 1 25
Ten Brink. Dans la forêt. 1 50
— Gavotte. 1 25
Thuillier. Fleur d'espoir. 1 50
— Fleur d'innocence. 1 50
— — (facile). . . . » 75
— La Frileuse. 1 50
— Marceau (galop). 1 50
— Sommeil d'un ange. 1 50
A. Thomas. Mignon (entr'acte-gavotte). . 1 25
Thomé. Aragonaise 1 25
— Andalouse 1 50
— Arlequin et Colombine. 1 25
— Badinage 1 25
— En ra nant. 1 25
— Madrigal. . . . . 1 9.
— Mandoline. 1 50
— Menuet 1 25
— Menuet de la Mariée. 1 90
— Pizzicato. 1 25
— Simple aveu 1 25
— Sérénade d'Arlequin 1 50
— Sous la feuillée 1 25
— La Sirène. 1 50
Tschaikowsky. Chant sans paroles. . . . 1 15
Wachs. Aujourd'hui, autrefois. 1 50
— Capricante. 1 50
— Conte bleu. 1 25
— Il court, il court, le furet. . . . 1 25
— L'Elégante. 1 50
— Les Muscadins. 1 50
— Myosotis (valse). 1 50
— Les Myrtes (valse). 1 50
— Pendant la cueillette. 1 25
— Tiens, c'est gentil ! 1 25
— Mazurka française. 1 50
Wagner. Lohengrin marche des Fiançailles. 1 90
— Tannhäuser (ouverture). . . . . 3 »
— — (marche). 1 50
— Valkyrie (chevauchée). 1 50
Waldteufel. Amour et Printemps (valse). . 1 50
— A toi. (valse). 1 50
— Bella Bocca (polka). 1 25
— Chantilly (valse). 1 50
— Dolorès — 1 50
— España — 1 50
— Estudiantina — 1 50
— Je t'aime — 1 50
— Pomone — 1 50
— Les Patineurs (valse). 1 50
— Les Sirènes (valse). 1 50
— Toujours ou Jamais (valse). . 1 50
— Les Violettes (valse). 1 50
Walter. Adieu à Vienne. (valse). 1 50
— Pour avoir la fille (mazurka). . . 1 50
— Ta-ra-boum-deré (polka). . . . 1 25
Wekerlin. Sérénade de Ruy Blas. . . . . 1 »
Wettge. Cronstadt (marche). 1 55
— Marche des gardes françaises. . . 1 00

Widor. 1re valse en *ré* bémol. 1 50
— 2e — en *mi* bémol majeur . 1 50
Widor 3e valse en *la* bémol. 1 50
Wollenhaupt. Scherzo brillant. 1 50
— Valse styrienne. 1 50
Wymann. Les Vagues argentines. 1 90
P. Valentin. Un regret. 1 25
Vargues. Moustache (polka). 1 25
Vasseur. Air favori de Marie-Leckzinska. 1 25
— Pavane Conti 1 25
Vilbac. Carmen. 1re suite. 1 90
— — 2e suite. 1 90
Vincent. Sévillana. 1 50
Yung. Les Rêveries de Marguerite . . . 1 25
Zamor. Pluie de sequins (valse). 1 25
Zimmer. Dernier Souvenir — . . . . . 1 »
· · · · · Hymne Russe et Marseillaise. . . » 75

Piano et Mandoline

Bellenghi. Voix de la Brise. 1 90
Becucci. A pouffer de riré 1 50
Bucalossi. Biondina. 1 50
— Gitana. 1 90
— Mia Cara. 1 90
Bucalossi. Mon amour. 1 90
Bosch. Retraite espagnole. 1 90
Braga. Sérénata. 1 50
Bhaminade. Gavotte 1 50
— Pièce romantique. 1 25
hristofaro. Sérénade des Mandolines. . 1 50
ottin. La Cigale madrilène. 1 90
— La Pluie (de David). 1 50
erclier. La Cinquantaine. 1 20
Durand. 1re valse 1 90
— Chacone 1 95
Emma. Sylvia (pizzicati). 1 25
Fievet. Sérénade de Pierné 1 25
— Rêve après le bal 1 25
Ganne. La Czarine. 1 50
Gehi. Farfalla. 1 90
Gillet. Loin du bal 1 90
Godard. 1re gavotte 1 25
— 2e valse, ... 1 90
Guiraud. Piccolino (mélodrame) . . . . . 1 »
Lowtian. Vénétia 1 90
Patierno. Retraite-Marche. 1 50
Pagans. Sérénade aragonaise 1 50
Pietrapertosa. Estudiantina 1 50
— Espana 1 90
— François les Bas bleus. . . 1 90
Raff. Cavatine. 1 25
Mme. de Rotschild. Si vous n'avez rien à
me dire.. . . . . 1 »
Saint-Saëns. Le Cygne. 1 25
— Etienne Marcel, pavane . . . 1 »
— Rêverie de la Suite algérienne. 1 50
— Samson et Dalila. 1 50
Schumann. Rêverie. . . . . 1 »
Thomé. Sous la feuillée. 1 25
— Simple aveu . . . . 1 »
Talamo. Les Rameurs 1 50
Wagner. Lohengrin 1 25
— Tannhäuser, marche 1 90
— — l'Etoile. 1 25
Waldteufel. A toi 1 90
— Bella Bocca 1 50
— Dolorès 1 90
— Mon rêve. 1 90
— Pomone 1 90
— Toujours ou jamais 1 90
— Les Violettes 1 98

MORCEAUX A QUATRE MAINS

Adam. Si j'étais roi (ouverture). 2 25
Ascher. Danse espagnole. 1 90
— Mazurka des Traineaux 2 25
— Sans souci (galop). 2 25
Auber. Diamants de la Couroune (ouverture) 1 90
— Domino noir (ouverture). 1 90
Badarzewska. Prière d'une Vierge 1 90
Bayer. Une toute petite soirée . . . . . 1 »
Bizet. L'Arlésienne 1er (menuet) 1 90
— — 2o — 1 90
Billema. La Traviata (valse) 1 90
Braga. Sérénade 1 50
Bhrams. Danses hongroises, 2 cahiers à. 3 »
Bull. Dragons de Villars 1 50
— Faust. 1 50
— Mignon. 1 50
— Lakmé. 1 25
— Sylvia 1 50
Burgmüller. Valse de Faust. 1 90
Chabrier. Espana-rhapsodie 3 70
Chaminade. Chaise à porteurs 1 25
Gzibulka. Gavotte Stéphanie. 1 90
Chaminade. Primavéra 1 50
— Sérénade d'automne. 1 50
— Rigodon 1 50
David. La Pluie 1 25
Delibes. Roi s'amuse, passe-pied 1 25
— Coppélia prélude et valse 2 25
— Sylvia, valse lente. 2 25
— — pizzicati. 1 50
Delioux. Carnaval espagnol. 2 50
Desormes. Sérénade des Mandolines. . . 1 50
Dessaux. Bucéphale, galop. 1 90
Durand. 1er valse. 2 25
— 2e valse. 2 25
D'Albert. Sultan, polka. 1 50
Dworak. Danses slaves, 4 cahiers, chaque 2 50
Favarger. Boléro. 2 25
Fischer. Hop! hop! galop. 1 90
Ganne. Marche Lorraine. 1 90
— Marche Russe. 1 90
— La Tzarine. 1 50
— La Tzigane. 1 50
Ganz Qui vive! galop 2 25
Gauthier Le Vertige galop. 1 90
Godard 2e valse. 1 90
— 5e — chromatique. 2 25
— 2e mazurka. 1 90
Gounod. L'Angélus. . . . . » 75
— Passacaille. 1 50
— Les Pifferari. . . . . » 75
— Marche funèbre d'une marionnette 1 90
— La Colombe, entr'acte 1 50
— Faust, valse. 2 25
Guiraud. Danse macabre (de St-Saëns). . 3 »
Gregh. Coquetterie. 2 25
— Retour des Moissonneurs. 1 90
Gobbaerts. Le Tramway, galop. 1 50
Ivanovici. Les Flots du Danube (valse). . 2 25
Kowalsky. Marche hongroise. 2 25
Lack. Cabaletta. 1 50
— Valse arabesque. 2 25

Lacôme. La Féria (suite). 3 75
— Mascarade — . . . . 3 »
Lamothe. Chant d'Alsace. 1 90
Leybach. 1er boléro brillant. 2 25
— Carmen. 2 25
— Faust. 2 25
— Roméo et Juliette. 2 25
G. Marie. Sérénade badine. 1 90
Massenet. Cid aragonaise. 1 50
— Parade militaire. 1 90
— Roman d'Arlequin. 2 50
— Entr'acte sévillana. 1 90
— Scènes dramatiques. 4 50
— — pittoresques. 4 50
— — napolitaines. 4 50
— — alsaciennes. 4 50
— Thaïs, méditation. 1 50
O. Métra. Mascotte, quadrille 1 50
— Grand Mogol. 1 50
— Mascotte, valse. 1 90
— Espérance, — 2 25
— Les Faunes, — 2 25
— Gambrinus, — 2 25
— Les Roses, — 2 25
— La Sérénade, — 2 25
— François les Bas bleus, — . . . 1 90
Meyerbeer. 3e marche aux flambeaux. . . 3 »
— Schiller-Marsch. 2 50
Michaëlis. Patrouille turque. 1 50
Michiels. Ta-ra-ra-boum, polka. . . . 1 50
Paladilhe. Mandolinata. 1 90
Pfeiffer. 4e mazurka. 2 25
Pillevesse. Les Ivresses. 2 25
Raff. La Fileuse 1 90
— Les Pêcheuses de Procida. 2 25
Redon. Marche hongroise. 1 90
Ritter. Chant du braconnier. 2 25
— Les Courriers. 2 25
Roubier. Marche des Troubadours. . . . 1 90
Rummel. Mignon, 2 suites, chaque . . . 1 90
Rubinstein. Valse caprice. 2 50
L. Sari. Ronde des Elfes. 1 90
Schuloff. Grande valse brillante. 2 25
— 2o — — 2 25
Carnaval de Venise. 2 25
Sellénick. Marche indienne. 1 90
Snyders. Dragons de Villars. 1 90
Spindler. Le Trot du Cavalier. 1 90
Stréabbog. Do, ré, mi, fa. 75
Strauss. Beau Danube bleu. 2 25
Suppé. Boccace, marche. 1 50
— Marche du Diable. 1 25
— Poète et Paysan, ouverture. . . . 2 25
A. Thomas. Mignon, entr'acte gavotte. . 1 50
Thomé. Arlequin et Colombine. 1 50
— Menuet de la Mariée. 1 90
— Sérénade d'Arlequin. 1 90
— Simple aveu. 1 50
— Sous la feuillée. 1 50
Thuillier. Fleur d'espoir. 1 90
— Marceau. 1 50
— Le Sommeil d'un ange. 1 60

Morceaux à quatre mains (suite)

R. de Vilbac.	L'Arlésienne en 2 suites à . .	3 75	R. de Vilbac.	Mireille en 2 suites à	1 90
—	Carmen — . .	1 90	—	Muette de Portici en 3 suites à	1 90
—	Coppélia —	1 90	—	Mignon en 2 suites à	1 90
—	Contes d'Hoffmann en 2 suites à	1 90	—	Martha en 2 suites à	1 90
—	Diamants de la Couronne en 3 suites à	1 90	—	Lakmé en 3 suites à	1 90
—	Domino noir en 3 suites à . .	1 90	—	Pardon de Ploërmel en 3 suit. à	1 90
—	Dragons de Villars 1 suite à	1 90	—	Prophète en 3 suites à . . .	1 90
—	Chalet (ouverture)	1 90	—	Rip en 2 suites	1 90
—	Charles VI (ouverture) . . .	1 90	—	Robert le diable en 3 suites à	1 90
—	Etoile du Nord en 3 suites à	1 90	—	Sylvia en 2 suites à	1 90
—	Fille du Régiment en 2 suites à	1 90	—	Val d'Andorre en 3 suites à	1 90
—	Fra Diavolo en 2 suites à . .	1 90	—	Val d'Andorre (ouverture) .	1 90
—	Fille du Régiment (ouverture)	1 90	—	Voyage en Chine en 2 suites à	1 90
—	Faust en 3 suites à	1 90	—	Voyage en Chine (ouverture)	1 90
—	Giralda —	1 90	Wachs.	Capricante	1 90
—	Guillaume-Tell en 3 suites à	1 90	Wagner.	Chœur et Marche des Fiançailles de Lohengrin	2 25
—	Haydée en 3 suites à	1 90	—	Marche du Tannhauser	1 90
—	Huguenots en 3 suites à . .	1 90	Waldteufel.	Amour et Printemps	1 90
—	Hamlet en 2 suites à . . .	1 90	—	España	1 90
—	Mascotte en 2 suites à . . .	1 90	—	Estudiantina	1 90
			Wollenhaupt.	Scherzo brillant	2 25

PETIT ALBUM DES GRANDS SUCCÈS

Morceaux pour piano. — **3 fr. 50**
Moyenne force

LES SUCCÈS MODERNES

Collection de Danses, Fantaisies, Airs d'opéras, etc., etc., en 4 volumes, pour *Violon* seul, *Flûte* seul, *Cornet* seul, et 2 volumes pour *Clarinette*

Chaque recueil, net . . . . **3 fr. 50**

CZERNY — Petites études de la vélocité . . 0 60 / Exercices journaliers . . . 0 75

CLÉMENTI. Sonatines complètes . . . . 1 »

(Belle édition, très bien imprimée.)

PIANO ET CHANT

COLLECTION D'AIRS D'OPÉRAS ANCIENS

DES MEILLEURS AUTEURS

1 volume pour Soprano.	*Chaque volume*
1 — — Ténor.	Net :
1 — — Baryton.	
1 — — Basse.	**5 fr.**

MANDOLINE SEULE

Les Bals modernes (recueil de 20 danses)	1 15
Les Danses Populaires — —	1 15
Les Bals Parisiens — —	1 15
Les Succès Populaires — (50 morc.) .	1 15
Les Succès de la Mandoline par Mezzacapo. 2 cahiers de 10 danses chacun	4 50
Les Distractions instrumentales (22 morc.) .	1 15
Les Soirées du Mandoliniste (20 danses) . . .	1 90

MÉTHODES INSTRUMENTALES

Javelot.	Méthode d'accordéon	« 95	Christofaro.	Méth. de mandol. 1re partie .	3 75
Dureau.	— de clairon	» 95	—	— 2e partie . .	4 50
Ferranti.	— de clarinette	» 95	St. Carlotti.	— ocarina	» 95
Klosé.	— de clarinette	11 25	Nisard.	— orgue ou harmonium	» 95
—	— abrégée —	3 75	R. de Vilbac.	— d'orgue	3 75
Willemann.	Méth. de cor de chasse ou trompe	» 95	Dureau.	— tambour	» 95
Arban.	Méthode de cornet à pistons . . .	15	C. Dancla	— violon 1re partie . . .	6 »
—	— abrégée — — . . .	7 50	—	— — 2e partie . . .	10 »
Schiltz	— — —	» 95	—	— — complète . . .	15 »
Mathieu.	Méthode de flageolet	» 95	Alard.	— —	9 »
Devienne	— flûte	» 95	J. Conte.	— —	6 25
Rariboldi	— — Bœhm . . .	6 »	Depas.	— —	» 95
Témusat	— — — . . .	» 95	—	— — complète . . .	6 »
ulou	— — — . . .	9 »	Roy.	— —	» 95
Cottin.	— guitare	4 50	Mazas.	— —	2 25
Carulli.	— —	» 95	—	— —	» 95
Garimond.	— hautbois	» 95	Schubert.	— — en 3 parties .	1 90
Lalechère.	— mandoline	» 95	Lée.	— violoncelle	7 50
Cottin.	— — . . .	7 50	Rabaud.	— —	7 50

Partitions CHANT SEUL

sans Accompagment de Piano.

E. Beyer.	Salammbô.	*Chaque volume* net :	Audran.	Le Grand Mogol.	*Chaque volume* net :
Gounod.	Roméo et Juliette.		Audran.	La Mascotte.	
Bizet.	Carmen	**1.95**	Gounod.	Philémon et Baucis.	**1.95**
Berlioz	Les Troyens à Carthage.		Gounod.	Le Tribut de Zamora.	
Bizet.	La jolie fille de Perth.				

LES BONNES TRADITIONS DU PIANISTE

Recueils de Morceaux classiques. Huit volumes ; chaque volume 7 fr . . . . *net* **5 fr. 25**

MORCEAUX DE PIANO & CHANT
Mélodies, Romances, Chansonnettes, etc.
(Spécifier la voix que l'on désire.)

Adam. * Noël	1 25
Abadie. * Attisez le feu.	1 25
Alary. * L'Etranger.	1 50
Amat. * Où vas-tu, petit oiseau . . .	» 65
Arditi. * L'Extase	1 50
— * Il Baccio	1 50
Barigel. Le Bal des pâquerettes	1 25
Bernard. * Ça fait peur aux oiseaux . . .	1 25
Bernicat. * La Pigeonne	1 25
Bemberg. * Chant indou.	1 50
Bellenghi. * La Voix de la brise.	1 50
C. Van Berghe. Tout le long du ruisseau .	1 25
Bemberg. * A toi.	1 50
Beethoven. L'Absence	1 »
— La Sérénade	» 75
— Apaisement	1 25
— Adélaïde	1 50
Bérat. La Lisette de Béranger	» 75
— Ma Normandie	1 25
Bizet. * Adieu de l'hôtesse arabe .	1 25
— * Absence	1 25
— * Chanson d'avril	1 25
— * Chant d'amour	1 25
— * Le Matin.	1 25
— * Ma vie a son secret	1 25
— * Pastorale	1 25
— * Vieille Chanson	1 25
Boïeldieu. * Toujours seul ou le Masque	
de fer	1 25
Boissière. C'est un oiseau qui vient de	
France	1 25
— Les Regrets de Mignon . . .	1 25
Bouillé. Rêverie	1 25
Bourgeois. * La véritable Manola . . .	1 25
— * Bonjour Suzon	1 25
Bordèse. * David chantant devant Saül .	1 50
— * Faust (scène).	1 50
Braga. Sérénata.	1 50
— Santa Lucia..	» 75
Chaminade. * Amour captif.	1 25
— * Anneau d'argent	1 »
— * Chanson Slave	1 25
— * Chant d'amour	1 25
— * Madrigal.	1 25
— * Ressemblance.	1 25
— * Ritournelle	1 25
— * Rêve d'un soir	1 25
— * Si j'étais jardinier	1 25
— * Sombrero.	1 50
— * Trahison	1 50
— * Tu me dirais.	1 25
— * Viens, mon bien-aimé . . .	1 25
Chabrier. Espana	1 50
Chateaubriand. Combien j'ai douce souve-	
nance	» 65
Cœdès. * Un mariage d'oiseaux.	1 25
Czibulka. Aubade à la Fiancée.	1 25
David. Les Hirondelles	» 75
Danty. ' Ivresse d'oiseaux	1 25
Léo Delibes. Arioso	1 25
— Chanson de Barberine . . .	1 25
— Le meilleur moment des	
amours	1 »
— Myrto	1 25
— Que l'heure est donc brève .	1 25
— Regrets	1 25
— Sérénade à Ninon	1 25
Dubois. Par le sentier	1 »
— Désir d'avril.	1 25
— A Douarnenez en Bretagne . . .	» 75
— Tarentelle.	1 50

Delmet. Petits chagrins	» 75
— Petit navire.	1 25
— Petits pavés.	1 25
— Stances à Manon.	1 25
— Le vieux Mendiant.	» 75
Denza · Funiculi-funicula.	1 90
— * Si tu m'aimais.	2 25
Diaz. Aubade	1 25
Douay. Hymne à la résurrection	» 75
— Stances à l'Enfant Jésus . . .	» 75
Déroulède. Le Clairon	» 75
Dupont. Les Bœufs	» 75
— Les Louis d'Or	» 75
— Les Sapins	1 »
Duprato · Ici-bas.	1 25
— * Il était nuit déjà.	1 »
Durand · Le Biniou.	» 75
— * Comme à vingt ans	1 25
Duteil d'Ozanne. Chanson provençale. . .	» 75
Faure · Alleluia d'amour.	1 25
— · La Charité.	1 25
— · Le Crucifix.	1 25
— Bonjour Suzon	1 25
— · Credo	1 25
— L'Etoile	1 25
— · Je crois	1 50
— · Le Missel	1 25
— · Les Myrtes sont flétris.	1 25
— · Notre Père.	1 »
— Pie Jesu	» 65
— Le Pressoir.	1 25
— Priez, chantez	1 25
— · Les Rameaux	1 25
— · Sancta Maria	1 »
— · Stella	1 90
— · Printemps.	1 25
— Le Rhin Allemand	1 25
— Ronde des Moissonneurs	1 25
— · Trois soldats.	1 25
— · Une fleur, un oiseau	1 25
— Valse des feuilles	1 25
G. Fauré. · Au bord de l'eau	1 »
— · Le Papillon et la Fleur . . .	1 25
Flégier · Le Cor.	1 50
— · Stances.	1 25
E. Fouquet. Avril	1 25
— Baisers d'Ames	1 25
— Chanson des Amours	1 50
— Ils s'en vont.	1 25
— Mignonne, allons voir	1 25
— Seul sans toi	1 25
— Villanelle	1 25
C. Franck. Mariage des Roses	1 25
— La Procession	1 25
— * Panis Angélicus	1 25
Fragerolles. La Glu	1 25
— Sentinelle, veillez	1 50
Ganne. La Tzarine.	» 75
— Marche Lorraine	» 75
Garat. Dans le printemps de mes années.	» 65
E. Gelli. Amour et Douleur.	1 25
Gillet * Loin du bal	1 25
Godard * Chanson arabe.	1 25
— * Embarquez-vous	1 »
— * Jocelyn, berceuse.	1 50
— * Te souviens-tu	» 75
— · Viens.	1 50
— · Chanson de Florian	1 »
Goublier. · Le Credo du paysan.	1 25

** Les Morceaux marqués d'un astérisque existent dans plusieurs tons. Prière de spécifier*

Morceaux de Piano et Chant (suite)

	Prix
Gounod. * Ave Maria.	1 25
— * Au Printemps	1 25
— * Absence	1 25
— ' Au rossignol.	1 25
— * Le banc de pierre.	1 25
— * Bénédiction du Temple.	1 50
— * Blanche colombe.	1 »
— * Le Calme	1 25
— * Ce que je suis sans toi.	1 25
— * Chanson du pâtre.	1 25
— * Chanson de printemps.	1 25
— * Chant d'automne	1 25
— * Crépuscule.	1 25
— * Le Départ.	1 25
— * Le Ciel a visité la terre.	1 25
— * Envoi de fleurs.	1 25
— * La Glu	1 25
— * Hymne à sainte Cécile.	1 25
— * Hymne à la nuit.	1 25
— * Invocation,	1 25
— * Juif Errant	1 25
— * Marguerite	1 25
— ' Medjé	1 25
— * Mélancolie.	1 25
— * Mignon	1 25
— ' Noël.	1 25
— * Le Nom de Marie	1 25
— * Donne-moi cette fleur.	» 75
— * Prière.	1 25
— * Prière du soir.	1 25
— ' Primavera.	1 25
— * Où voulez-vous aller.	1 25
— * Repentir	1 25
— * Réponse de Medjé.	1 25
— * Le soir	1 25
— * Solitude.	1 25
— * Salutation angélique	1 25
— * La Sérénade.	1 25
— * Tombez mes ailes	1 25
— * Le Vallon.	1 50
Gouzien. Légende de saint Nicolas.	» 65
Grandval. La Cloche	1 »
Gregh. * Parais à ta fenêtre.	1 50
Gumbert. * Oiseaux légers	1 50
Gustave de Suède. Plus d'amour, plus de roses.	1 »
D'Hack. Naples.	1 50
R. Hahn. L'Enamourée.	1 »
R. Hahn. Mai	1 25
— Offrande.	1 25
— Rêverie	1 25
— Si mes vers avaient des ailes.	1 25
Haydn. Idylle.	» 75
G. D'Hardelot. ' Sans toi.	1 25
Henrion. Adieu, Grenade	» 75
Hillemacher. ' Séparation	1 25
A. Holmès. * La Barque des amours.	1 50
— * Berceuse.	1 25
— * Chanson lointaine	1 50
— * Dans un parc abandonné.	» 65
— * Deux enfants de rois.	1 »
— * En chemin.	1 50
— * Fleur de neige.	1 »
— * Les Gars d'Irlande.	1 25
— * Les Griffes d'or.	1 50
— * Hymne à Eros.	1 50
— * Kypris'.	1 50
— * Les Moutons des Anges.	1 25
— * Noël	1 »
— * Nox amor.	1 25
— * Sérénade printanière.	1 25
Holzer. Pour avoir la fille.	' 75
Izouard. Rondel d'aveu.	1 »
H — Sonnet d'adieu.	1 »
Jouberti. Un bal chez le ministre.	1 »
Katto. Maison à louer.	1 »
Kostchoubey. O dites-lui.	» 75
M. Krysinska. Chanson de route.	» 75
— Nocturne.	» 75
— Romance.	» 75
— Le Soir de la fête.	» 75
— Un peu de musique	» 75
Kucken. La Captive.	1 »
Lacôme. * Un bal d'oiseaux	1 25
— ' Estudiantina.	1 25
— * La Toussaint.	1 25
— * Sérénade à Ninon.	1 25
Lalo. ' L'Esclave.	1 25
Lassen. * Avec tes yeux, mignonne	1 25
— * J'avais rêvé.	1 25
Lacombe. ' Aubade printanière.	1 25
Lebrun. ' A toi	1 25
Léon. Sérénade du Fils de l'Arétin.	1 25
Lecoq. ' Valse des cents vierges.	1 90
Lefébure Wély. * O Salutaris.	1 25
Lhuillier. Maudit piano	» 65
Lemaire. A mon chevalier.	1 »
— En dansant la gavotte	1 50
— La Vierge à la crèche	1 25
— Vous dansez, marquise.	1 50
Lenepveu. * Deuil d'avril	1 »
Mac-Nab Le Bal à l'Hôtel de ville.	» 75
— Le Banquet des maires	» 75
— L'Expulsion	» 75
— Le Meeting du Métropolitain	» 75
— L'Omnibus da la Préfecture	» 75
— Le Pendu	» 75
Marietti. La Promise.	1 25
Marie-Antoinette. Pauvre Jacques..	» 75
Martini. L'Amour est un enfant trompeur.	» 65
— Plaisir d'amour	» 65
Masini. La Patrie des hirondelles.	» 75
— Sylvio Pellico.	1 50
T. Mattei. Ce n'est pas vrai (non e vero).	1 25
Massenet. * A Colombine	1 25
— * Bonne nuit.	1 25
— * Chant provençal.	1 25
— * Crépuscule	1 25
— ' Elégie.	» 75
— * Les Enfants	1 25
— * Il pleuvait.	1 25
— * Jour de noces	1 25
— * Enchantement	1 25
— * Le sais-tu	1 25
— * Nuit d'Espagne.	1 25
— * Noel païen	1 25
— * Marquise	1 25
— * Mandolinata	1 25
— ' Les Oiselets	1 25
— * Ouvre tes yeux bleus	1 25
— * Pensée d'automne	1 25
— * Printemps dernier.	1 25
— * Si tu veux, mignonne	1 25
— * Sérénade du Passant.	1 25
— ' Souvenez-vous, Vierge Marie	1 25
Membrée. * Page, écuyer, capitaine.	1 90
O. Métra. Espérance (valse)	1 90
— Les Faunes —	1 90
— Gambrinus —	1 50
— Mélancolie —	1 90
— La Nuit —	1 50
— Les Roses —	1 90
— La Sérénade —	1 50
— Le Soir —	1 90
— La Vague —	1 90
— Les Volontaires, polka-maz	1 50
V. Meusy. La Carotte.	1 25
Michiels. Le bon gîte.	1 25
Monpou. Gastibelza.	» 75
Niedermeyer ' Le Lac	1 25
— ' Paster noster	1 25
Offenbach ' La chanson de Fortunio.	» 75
O'Kelly ' Vieille chanson du jeune temps.	1 25
Okolowicz J'ai passé par là	1 25

Les Morceaux marqués d'un astérisque existent dans plusieurs tons. Prière de spécifier.

Morceaux de Piano et Chant (suite)

Paladilhe. Chanson Russe	1 »
— J'ai dit aux étoiles	1 »
— Purgatoire	1 »
— Sérénade napolitaine	1 25
Pergolèse. Tre Giorni	1 15
Pierné. Sérénade	1 25
Pillevesse. Les Ivresses (valse)	1 90
Pfeiffer. Malgré moi	1 25
Pessard. Adieu du matin	» 75
— Bonjour, Suzon	1 25
— Méditation religieuse	1 25
Pradère. Le Grillon	1 »
— Le petit Soulier de Noël	1 25
Proch. Le Cor des Alpes	1 »
Proust. La Glu	1 15
Renard. Le Temps des cerises	1 25
Ch. René. En route	1 25
— Des ailes	1 50
— La Fiancée	1 25
Reyer. Les Larmes	1 25
Richepin. L'Homme au sable	1 25
Rivière. Gentil Printemps	1 25
G. Roques. J'ai cueilli la fleur du pêcher.	1 25
Mme de Rothchild. Si vous n'aviez rien à me dire	» 75
Rouget-de-l'Isle. La Marseillaise	» 75
Rubinstein. L'Extase	1 »
— Le Rêve du Prisonnier	1 25
— La Rosée étincelle	» 75
Rupès. Rappelle-toi	1 25
Saint-Saëns. Aimons-nous	1 25
— Clair de Lune	» 75
— La Cloche	1 »
— Danse macabre	1 50
— Enlèvement	1 25
— La Fiancée du Timbalier	1 90
— Pas d'armes du roi Jean	1 50
— Peut-être	1 »
— Rêverie	1 25
— Pourquoi rester seulette	1 25
— Le Solitaire	1 25
— Sérénité	1 »
H. Salomon. L'Extase	1 25
Salvayre. Hymne du Printemps	» 75
Schatté. Sérénade de Severo Torelli	1 25
Scudéri. Dormi pure	1 75
Schubert. L'Adieu	» 75
— La Sérénade	» 75
Schumann. A ma fiancée	» 75
— Les deux Grenadiers	1 25
— Elle est à toi	1 25
— J'ai pardonné	» 75
— Le Noyer	1 25
Scudo. Le Fil de la Vierge	» 75
Servel. Un soupir de Faust	1 25
Stigelli. Un rayon de tes yeux	1 »
Stradella. Air d'Eglise	1 25
— Pieta signore	1 15
Tagliafico. Babet	1 25
— Chanson de Marinette	1 25
— Après le bal	1 50
— De-ci, de-là	1 25
— Et pourquoi pas	1 25
— J'aime à rêver	1 25
— Je n'aime pas les sérénades	1 50
— Ohé! Mamma	1 25
— Pauvres amoureux	1 »
— Pauvres fous	1 25
— Je n'ose	1 25
— Abaissez-vous, montagnes	1 25
— Quand l'oiseau chante	1 25
— S'aimer toujours	1 50
— Le Secret de Colombine	1 25
— Si vous saviez	1 25
— Toute la Vie	1 50
— Vous êtes si jolie	1 25
A. Thomas. Le Soir	» 75
F. Thomé. Boléro	1 50
— Chanson de Musette	1 50
— Clair de lune	1 25
— La Fiancée du Timbalier	1 90
— Feuillets d'amour	1 25
— Les Perles d'or	1 25
— Sérénade	1 50
Tosti. Chanson de Fortunio	1 90
— Ninon	1 90
Tschaïkowsky. Ah! qui brûla d'amour?	» 75
— Pourquoi?	» 75
Wachs. Le Sentier couvert	1 25
Waldteufel. Amour et Printemps (valse)	1 90
Walter. Toute la vie (valse)	1 50
Wekerlin. Colinette	» 65
— Le Beau Danube bleu	1 90
— Fleur des Alpes	» 65
— * Sérénade de Ruy Blas	1 »
Wellings. C'est un rêve	1 25
— * Un jour	1 25
Wentzel. Veux-tu?	1 50
Widor. Nuit d'étoiles	1 25
— Pourquoi?	1 25
Vargues. La Dernière Gavotte	1 25
— La Pavane	1 25
Varney. La Sérénade du Pavé	1 »
Viardot. Canzonetta (de Haydn)	1 25
— Hai-Lulli	1 25
Vidal. Les Toutes Petites	» 75
Villebichot. Les Abeilles	1 25
Yann-Nibor. Berceuse bleue	1 »
Yradier. Ay Chiquita	1 25
— La Calesera	1 25
— La Paloma	1 25

Airs d'Opéras, Opéras-Comiques, Opérettes, etc.

Les Absents. Romance des Deux Pigeons.	1 »
Africaine. Adieu, mon beau rivage	1 25
— O paradis sorti de l'onde	1 50
Amour médecin. Aubade	1 »
Barbier de Séville. Rien ne peut changer mon âme	1 50
Bravo. Chanson du gondolier	1 25
Caïd. Comme la Fauvette	» 65
Carmen. L'Amour est enfant de Bohême.	1 50
— Votre toast, je peux vous le rendre	1 50
Chalet. Dans ce modeste et simple asile.	1 25
— Arrêtons-nous ici	1 50
Charles VI. Humble fille des champs	1 50
— Chaque soir, Jeanne sur la plage	1 25
Cid. Pleurez, mes yeux	1 50
— Plus de tourments, plus de peines.	1 25
Cigale et la Fourmi. Le petit Noël	1 25
— Ronde de Margot	1 25
Cinq-Mars. Nuit resplendissante	1 50
Cloches de Corneville. J'ai fait trois fois le tour du monde.	1 50
— Quand on lui propose une affaire	1 25
Contes d'Hoffmann. Elle a fui, la tourterelle	1 50
— Belle nuit, ô nuit d'amour	1 50
Don Juan. Sérénade	» 75
Dragons de Villars. Ne parles pas, Rose.	» 75
— Il m'aime, espoir charmant	1 90
Eclair. Quand de la nuit	1 »
Enfance du Christ. Le Repos de la Sainte Famille	1 25

Morceaux de Piano et Chant (suite)

Esclarmonde. ' Comme il tient ma pensée. 1 25
Etienne Marcel. ' O beaux rêves évanouis. . 25
Faust. ' Faites-lui mes aveux. 1 50
— ' Il était un roi de Thulé. . . . 1 »
Fauvette du Temple. Chanson de la Fauvette. 1 25
— Le Parisien n'aime pas l'état. 1 25
Favorite. ' Ange si pur. 1 25
— Pour tant d'amour. 1 25
Femme de Narcisse. C'est la fille à ma Tante. 1 25
Femme à Papa. Chanson du colonel. . . . 1 25
Fille du Régiment. ' Il faut partir. . . . 1 »
— C'en est donc fait . . 1 90
Fille du Tambour-Major. ' Couplets du petit Français. 1 «
Galathée. ' Sa couleur est blonde. . . . 1 50
— ' Ah ! qu'il est doux de ne rien faire. 1 50
Grand Casimir ' Romance des 2 Pigeons.
Grand Mogol. ' Dans ce beau palais. . . 1 50
— ' Couplets du Vin de Suresnes. 1 25
Guillaume Tell. ' Sombres, forêts. . . . 1 50
— Toi, que l'oiseau ne suivrait. . . . . . . 1 »
Hérodiade. ' Il est doux, il est bon. . . . 1 50
— ' Vision fugitive. 1 25
Jean de Nivelle. ' On croit à tout. . . . 1 25
Jocelyn. ' Berçeuse. 1 50
Jour et la Nuit. ' Sous le regard de deux. 1 25
Juive. ' Dieu que ma voix tremblante. . . 1 »
— ' Il va venir. 1 15
Lakmé. ' Ton doux regard se voile. . . 1 25
— ' Dans la forêt près de nous. . . » 75
— Pourquoi dans les grands bois. . 1 25
Lalla-Roukh. ' Ma maîtresse a quitté la tente. 1 25
Lili. Quès aco ? 1 50
Lohengrin. ' Seule dans ma misère. . . 1 50
— ' Déjà se perd leur voix. . . 1 »
Maitre Ambros. Ballade. 1 25
Manon. Voyons, Manon, plus de chimères. 1 50
— N'est-ce plus ma main. 1 25
Marie-Madeleine. C'est ici même, à cette place. 1 25
Martha. ' Seule ici, fraîche rose. . . . . » 75
Mascotte. ' Je sens lorsque je t'aperçois. 1 »
— Romance du baiser. . . . . 1 »
Mignon. ' Connais-tu le pays. 1 50
— ' Elle ne croyait pas. 1 25
Mireille. ' Le temps s'envole. 1 50
— ' Heureux petit berger. 1 25
Miss Helyett. ' Ah ! le superbe point de vue. 1 50
— ' Le Maître qui d'en haut. 1 25
Miss Robinson. ' Valse des Ramiers. . . 1 50
Mousquetaires au couvent. ' Pour faire un brave mousquetaire. 1 25
Mule de Pedro. Ma mule qui chaque semaine. 1 90
Maitre Pathelin. ' Je pense à vous quand je m'éveille. . . . . . . 1 »
Noces de Figaro. ' Mon cœur soupire. . 1 25
Noces de Jeannette. ' Parmi tant d'amoureux. 1 25
— ' Cours mon aiguille. . . 1 25
Nuit de St. Jean. J'avais rêvé. . . . . » 75
Ombre. ' Midi, minuit. 1 25
Orphée. * J'ai perdu mon Eurydice. . . . 1 25
Panurge. ' Dors bien tranquillement. . . 1 25
Patrie ' Pauvre martyr obscur. . . . . . » 75
Pêcheurs de perles. ' Je crois entendre encore 1 50
Piccolino. ' Sorrentine. 1 25

Philémon et Baucis. Au bruit des lourds marteaux. 1 25
— ' Philémon m'aimerait encore. . . . 1 50
Porcherons. ' Romance de la lettre. . . 1 25
Pré-au-Clercs. Souvenirs du jeune âge. . » 75
— A la fleur du bel âge. . . 1 25
Psyché. ' O toi qu'on dit plus belle. . . 1 25
Paul et Virginie. ' Nous marchions cette nuit. 1 25
— ' L'oiseau s'envole. . . « 75
Reine de Saba ' Plus grande en son obscurité. 1 50
— ' Comme la naissante aurore 1 25
Reine Topaze ' Romance de l'Abeille . . . 1 50
Richard Cœur de Lion. O Richard, ô mon roi . . . . 1 »
— — Une fièvre brûlante » 75
Rigoletto ' Comme la plume au vent. . . 1 »
Rip * Vive la paresse. 1 25
— ' Et maintenant, ô douces têtes. . . . 1 50
Robert le Diable. Jadis régnait en Normandie. 1 50
— — ' Vas, vas, dit-elle . . 1 50
Roi d'Ys ' Vainement ma bien-aimée. . . 1 25
— Lorsque je t'ai vu soudain. . . 1 50
Roméo et Juliette ' Que fais-tu blanche tourterelle 1 50
— ' Mab, la reine des mensonges 1 50
Saïs ' Sérénade berceuse. 1 25
Saisons ' Ah ! pourquoi suis-je revenue . 1 50
Samson et Dalila ' Mon cœur s'ouvre à ta voix 1 50
— — ' Printemps qui commence 1 25
Sapho ' Stances 1 50
Sigurd * Je sais des secrets merveilleux. . 1 50
Si j'étais roi * J'ignore son nom 1 15
— ' Dans le sommeil 1 15
Songe d'une nuit d'été ' Le voir ainsi. . . 1 25
Salammbô * Air des Colombes. 1 50
Statue ' Toi, que n'atteins pas 1 25
Suzanne ' Comme un petit oiseau 1 50
Tannhäuser ' Romance de l'Etoile 1 50
Traviata ' Buvons, amis, buvons . . . . . 1 »
— ' Lorsqu'à de folles amours . . . 1 »
Tribut de Zamora * Tu trouves donc . . . 1 »
Timbre d'argent ' Le bonheur est chose légère . . . . 1 »
Valkyrie ' Chant d'amour 1 50
Vivandière ' Viens avec nous, petit. . . . 1 50
Werther ' Du gai soleil. . . . . » 75
— ' Les larmes. . . . . » 75

Duos — Duettos

Adam. Le Chalet : il faut me céder ta maîtresse 1 90
Berlioz. Béatrice et Bénédict : Vous soupirez. 2 25
Bordèse. Les Brésiliennes 1 50
Campana. Aimer, c'est vivre 1 50
— Le Silence 1 50
Faure. Le Crucifix 1 25
Godard. Cueillons des bouquets 1 50
— Par une belle nuit 1 50
Gounod. D'un cœur qui t'aime 1 50
— Faust : Laisse-moi contempler. . 1 50
— Mireille : La brise est douce et parfumée (Duo de Magali) . . . 1 50
Hérold. Le Pré-aux-Clercs : Les rendez-vous de noble compagnie . . . 2 25
Lacôme. Estudiantina 1 50
Lecoq. Le Jour et la Nuit : Le rossignol et la fauvette. 1 25

Morceaux de Piano et Chant (suite)

Lucantoni. Nuit d'amour 1 50
— Une nuit à Venise 1 50
Maillart. Les Dragons de Villars : Moi jolie. 2 25
Mozart. Flûte enchantée : Ton cœur
m'attend 1 25
Pagans. Sérénade aragonaise. 1 25
Rubinstein. Les Colombes 1 25
— Le Voyageur dans la nuit . . 1 50
Tagliafico. Saint Janvier. 1 50
Weerklin. Colinette . . . . » 75

TRIO

Mozart. La Sérénade (trio comique pour
trois barytons ou basses) . . . . » 75

PIANO & VIOLON

Adam. Si j'étais roi, ouverture. 2 25
Alard. Faust 2 50
Anchutz. Mignon, romance. 1 25
— — gavotte 1 25
Badarzewska. La Prière d'une vierge. . . 1 50
Bhrams. Danses hongroises, 2 cahiers à 3 »
Boisdeffre. Romance. 1 50
— Canzonetta. 1 50
— Méditation 1 50
— Sérénade. 1 50
Broustet. Le Rêve après le bal 1 25
Braga. Sérénata 1 50
Bucalossi. La Gitana. 2 25
Chopin. Marche funèbre 1 25
Conte. Ronde villageoise. 1 25
— Valse 1 25
Czibulka. Gavotte Stéphanie 1 90
Danbé. Sérénade hongroise 2 25
— Cantabile et allegro 1 50
— Rêverie 1 50
Dancla. Rêverie 1 50
— Romance et Boléro. . . . . . . 3 »
Desormes. Sérénade des Mandolines . . . 1 25
Douay. Andante . . . . » 75
— Berceuse. . . . . » 75
— Prière des Anges. . . . . » 75
Fauré. Berceuse. 1 50
Ganne. La Czarine. 1 90
— La Musmé 1 50
— Marche Lorraine 1 90
— La Tzigane. 1 50
Ghys. Air Louis XIII 1 50
Gillet. Babillage. 1 90
— Loin du bal 1 90
Godard. Berceuse et Sérénade 1 90
- Jocelyn, berceuse. 1 90
Gounod. Méditation sur le Prélude de
Bach. . . . 1 90
— La Vision de Jeanne d'Arc. . . . 1 25
Guichard. Faust, fantaisie facile 1 90
— — — moyenne force . 1 90
— — difficile. 2 25
Gungl. Les Amourettes, valse 2 25
Hermann. Au printemps 1 90
— Arlésienne. 1 90
— Carmen. 2 25
— Le Ciel a visité la Terre 1 90
— Coppélia. 2 25
— Faust. 2 25
— Favorite. 1 25
— Guillaume Tell 1 25
— Galathée 1 25
— Mandolinata. 1 90
— La Mascotte. 1 90
— Mireille 2 25

Hermann. Les Noces de Jeannette 1 25
— Le Pré aux Clercs 1 25
— Le Roi s'amuse, passepied. . . 1 25
— Roméo et Juliette 2 25
— Sérénade du Passant. 1 90
— Le Soir 1 90
— Sérénade de Gounod. 1 90
— Sylvia. 2 25
— Le Vallon 1 90
— La Véritable Manola 1 90
— Zampa. 1 25
Langer. Gavotte d'Amour. 1 50
— Grand'maman. 1 50
G. Marie. La Cinquantaine. 1 50
— Sérénade badine. 1 50
— Lamento . . . . 1 »
Marsick. Sylvia (pizzicati). 1 50
— — (valse lente). 1 90
P. Mascagni. Cavalleria (intermezzo). . . 1 50
Massenet. Dernier sommeil de la Vierge. 1 25
— Le Cid (aragonaise) 1 50
— Hérodiade (prélude). . . . . . . 1 »
— Manon (menuet). 1 90
— Thaïs (méditation). 1 50
O. Métra. Les Roses. 1 90
— La Sérénade. 1 90
— La Vague. 1 90
Michaëlis. La Patrouille turque. 1 50
Papini. Pas de quatre de Meyer Lutz. . . 1 90
Pessard. Menuet des Petits Violons . . . 1 25
Pierné. Sérénade. 1 50
Planquette. Panurge (berceuse) 1 50
Raff. Cavatine. 1 25
— La Fileuse. 1 90
Reber. Berceuse. 2 25
Resch. Amour discret. 1 25
Saint-Saëns. Le Cygne 1 25
Samie. L'Exilé. 1 50
Sellénich. Marche indienne. 1 50
Sergent. A bientôt 1 50
S. Smith. Chanson russe. 1 90
Strauss. Le Beau Danube bleu. 1 90
Suppé. Poète et Paysan (ouverture). . . 2 50
Swendsen. Romance. 1 90
Thomé. Andante religioso. 1 50
— Menuet de la Mariée 1 90
— Minuetto 1 50
— Pizzicato 1 50
— Simple Aveu 1 50
— Sous la feuillée 1 50
Thuillier. Sommeil d'un ange 1 90
Vieuxtemps. Fantaisie-ballet. 2 25
— Rêverie. 1 50
Waldteufel. Amour et Printemps (valse). 2 25
— Acclamations 2 25
— Dolorès — . 2 25
— Etincelles — . 2 25
— Espâna — . 1 90
— Es udiantina — . 1 90
— Je t'aime — . 2 25
— Les Sirènes — . 2 25
— Tendres baisers — . 2 25
Wiéniawsky. Deux mazurkas. . . . . . . 3 »
— Légende . . . . 2 »

Violon seul

Dancla. Ecole des 5 positions n° 1. . . . . 3 »
Domerc. Le Guide du violoniste 3 75
Danbé. Douze grandes études artistiques. 6 25
Divers. Danses populaires (20 danses). . 1 15
— Les Bals Parisiens — 1 15
— Les Succès populaires (50 mor-
ceaux) 1 15
— Les Distractions instrumentales. » 95
— Les Bals Modernes (20 danses. . 1 15

MUSIQUE CLASSIQUE
ÉDITIONS LITOLFF, PETERS, BREIKOPF & HARTEL

PIANO A DEUX MAINS
Méthodes et Études

	LITOLFF	PETERS	BREIKOPF et HARTEL
Kœhler. Ecole pratique du piano, 5 vol. à	3 75		
Beyer. Ecole préliminaire du piano	1 70	1 50	
** Le Guide du pianiste, 4 vol. classés par difficultés, Chaque vol.	1 50		
Cramer. Etudes, 2e livre	1 15	1 10	1 05
Czerny, op 139. Exercices pour commençants	1 15	1 05	1 15
— op 261. Exercices élémentaires	» 95	1 05	
— op 299. Etudes de la grande vélocité	1 15	1 20	1 20
— op 337. Exercices journaliers	» 95	1 05	
— op 365. Ecole du virtuose	2 85	2 55	
— op 399. Ecole de la main gauche	1 50		
— op 599. Le premier maître du piano	» 95	1 05	
— op 636. Petites études de la vélocité	» 75	1 05	1 05
— op 718. 24 études pour la main gauche	» 95		
— op 740. L'art de délier les doigts	2 55	2 55	2 55
— op 684. 24 études			1 90
— op 748. Le début, pour les petites mains	» 95	1 05	
— op 777. Les cinq doigts	» 60		
— op 821. Les heures du matin. Petites études	1 35	1 20	
— op 823. Le petit pianiste, 2 cahiers à	» 95		
— op 834. Nouvelle école de la vélocité, en 2 cahiers à	» 95		
— op 848. 32 nouveaux exercices journaliers	» 95		
— op 802. Exercices pratiques des doigts, 2 cahiers à	» 95		
— op 849. 30 études de mécanisme	1 15	1 05	
100 récréations	» 95	1 05	1 05
Muller. Pièces instructives	1 15	1 50	
— 15 caprices		1 50	1 35

COMPOSITIONS DIVERSES
PIANO A DEUX MAINS

	LITOLFF	PETERS	BREIKOPF et HARTEL
Bach. Le clavecin bien tempéré (préludes et fugues), 2 vol. à	2 25	2 05	2 10
— Petits préludes		1 20	1 35
— Inventions à 2 et 3 voix	1 15	1 20	
— Suites françaises	1 15	1 20	
— Suites anglaises	2 25	3 20	2 25
— Album de bourrées, gavottes, etc.		1 50	
Beethoven. Sonates. En 2 vol. à	3 40	3 »	4 50
— Sonates. Edition académique. 3 vol. à	3 75		
— Sonates complètes en 1 vol.	3 75	5 50	
— Sonatines	1 50	1 05	1 15
— Airs variés	3 40		
— Concertos	3 40	3 »	3 20
— 9 symphonies en 2 vol. à	3 »	2 55	
— — revues par Liszt. 2 vol. à			4 35
— op 20. Grand septuor	1 15	1 65	1 05
— 16 marches			1 70
— op 8. Sérénades		1 05	
— Romances et sérénades	1 15		

PIANO A DEUX MAINS

	LITOLFF	PETERS	BREIKOPF et HARTEL
Chabrier. Pièces pittoresques	3 75		
Chopin. Valses	1 35	1 05	1 15
— Nocturnes	1 90	1 50	1 70
— Polonaises	1 90	1 50	1 70
— Mazurkas	2 25	2 05	2 10
— Ballades	1 50		1 50
— Impromptus	1 15		1 90
— Ballades et impromptus		1 50	
— Scherzos	1 50	1 50	1 15
— Préludes	1 50		1 50
— Rondos	1 15		1 15
— Préludes et rondos		1 50	
— Etudes en 2 livres à	1 50		
— Etudes en 1 livre à		1 50	1 90
— Sonates	1 50	1 50	1 50
— Concertos	1 90	1 50	2 45
— Œuvres posthumes	1 90		1 90
Clementi. Sonates. En 3 vol. à	7 15		4 90
— — En 4 vol. à		1 50	
— 12 sonatines	1 35	1 05	1 15
— Préludes et exercices		1 20	1 05
— Gradus ad Parnassum. 1er vol.	1 50	1 50	
— — 2e vol.	1 50	1 50	
— — 3e vol.	2 25	2 05	
Corelli. Album de pièces célèbres, 2 vol. à	1 50		
Diabelli. Sonatines, op 151 et 168	1 05	1 05	1 90
— Premières leçons	» 45	» 55	
Dusseck. op 20. Sonatines	» 95	1 05	
— — Sonatines et pièces			1 90
Field. Nocturnes	1 35	1 20	1 35
C. Franck. Prélude, choral, fugue	1 90		
Grieg. op 1. Quatre morceaux		1 50	
— op 3. Tableaux poétiques		1 50	
— op 6. Humoresques		1 50	
— op 7. Sonate en mi mineur		2 05	1 90
— op 12. Morceaux lyriques, cahier 1		1 50	
— op 16. Grand concerto		4 »	
— op 17. Danses populaires		1 50	
— op 19. Scènes populaires		1 50	
— op 19, n° 2. Marche nuptiale		1 05	
— op 24. Ballade		1 50	
— op 28. Feuilles d'album		1 50	
— op 29. Improvisations		1 50	
— op 34. Mélodies élégiaques		1 35	
— op 35. Danses norwégiennes		1 50	
— op 37. Valses caprices		1 50	
— op 38. Morceaux lyriques, cahier 2		1 50	
— op 38, n° 1. Berceuse		1 05	
— op 40. Holberg, suite		1 50	
— op 41. Romances sans paroles, 2 cahiers à		1 50	
— op 43. Morceaux lyriques, cahier 3		1 50	
— op 43, n° 1. Papillon		1 05	
— op 43, n° 5. Erotique		1 05	
— op 43, n° 6. Au printemps		1 05	
— op 46. Peer-gynt, suite, n° 1		1 50	
— op 46, n° 3. Danse d'Anitra		1 05	
— op 47. Morceaux lyriques, cahier 4		1 50	
— op 50. Prière et danse du temple		1 50	

MUSIQUE CLASSIQUE

PIANO A DEUX MAINS

	LITOLFF	PETERS	BREITKOPF et HARTEL
Grieg. op 52. Romances sans paroles 2 cahiers à		1 50	
— op 53. Deux mélodies		1 05	
— op 54. Morceaux lyriques. cahier 5		1 50	
— op 54. n° 4. Nocturne		1 05	
— op 55. Peer-gynt, suite. n° 2		1 50	
— op 55. n° 2. Danse arabe		1 05	
— op 56. Sigurd Jorsalfar		1 50	
— op 56. n° 3. Marche triomphale		1 05	
— op 57. n° 1. Morceaux lyriques. cahier 6		1 50	
— op 57, n° 2. Morceaux lyriques. cahier 6		1 50	
— op 57. n° 1. Menuet		1 05	
— op 57. n° 5. Elle danse		1 05	
— op 62. n° 1. Morc. lyrique. n° 7.		1 50	
— op 62, n° 2. — — n° 7.		1 50	
— Marche funèbre		1 05	
Haendel. 16 suites. 2 vol. à	1 35		
— Leçons, pièces, etc	1 35		
— 17 menuets			1 35
— Compositions 3 vol. à		1 50	
Haydn, Sonates. 2 vol. à		1 50	2 85
— 10 sonates choisies	1 50		1 90
— 21 symphonies 2 vol. à	4 90		
— 12 — choisies 2 vol. à	2 25		2 30
— 12 — — 1 vol. à		3 »	
Hummel. 9 sonates	4 50		
— 5 sonates choisies	2 25		1 15
— 2 concertos	1 40	1 36	
Hymnes nationaux, recueil		1 50	
Kühlau. 12 sonatines	1 15	1 05	1 05
— 7 —	1 15	1 05	1 05
Lanner. Valses célèbres	1 15	1 05	
Liszt. Valse impromptu		1 50	
Les Maîtres de la jeunesse, pièces sans octaves.			
Haydn-Mozart 1 vol. à		1 20	
Beethoven-Schubert —		1 20	
Weber-Schubert —		1 20	
Mendelssohn-Schumann —		1 20	
Chopin —		1 20	
Mendelssohn. Romances sans paroles.			
édit. de luxe	2 05	2 05	
— édit. ordinaire	1 90	1 50	1 90
— Sonates	1 15		
— Fantaisies et caprices	1 90		1 15
— Préludes et variations	1 90		1 15
— Rondos. Scherzos	1 90		
— Concertos et pièces	2 25		
— 5 symphonies	3 »		2 85
— Marches	» 95	1 05	
— Album de pièces célèbres	1 15		
Mozart. Sonates (édit. de luxe)	6 »	4 »	
— édit. ordinaire	2 05	4 »	2 85
— Airs variés	2 25	2 55	2 45
— Symphonies célèbres	2 25	2 55	
— Concertos	3 40	3 »	
Moszkowski. Danses espagnoles		3 »	
— Guitare		1 50	
— Scherzo-valse		1 50	
Müller. Caprices		1 50	1 35
Saint-Saëns. Gavotte et 3 Mazurkas		3 »	
Schubert. Sonates	2 05	3 »	2 85

PIANO A DEUX MAINS

	LITOLFF	PETERS	BREITKOPF et HARTEL
Schubert. Impromptus et moments musicaux	1 15	2 05	1 50
— Fantaisies, scherzos	1 15		
— Compositions diverses	1 70		
— La Belle Meunière	1 15		
— 22 mélodies célèbres	1 15		
— Marches complètes	1 50	1 50	
Schumann. Œuvres complètes 2 vol. à			7 50
— — — 7 vol. à			2 25
— — — 5 vol. à		3 »	
— — — 9 vol. à	1 90		
— op 1. Thème varié	» 45	1 05	» 50
— op 2. Papillons	» 45	1 05	» 50
— op 3. Etudes	» 75		» 95
— op 4. Intermezzi	» 75	1 50	» 95
— op 5. Impromptus	» 45	1 50	» 95
— op 6. Davidsbündler	» 75	1 05	» 95
— op 7. Toccata	» 45	1 50	» 95
— op 8. Allegro	» 45	1 50	» 95
— op 9. Carnaval	» 95	1 05	» 95
— op 10. Etudes de Concert	1 15	1 50	1 15
— op 11. Sonate en *fa* dièze mineur	1 15		» 95
— op 12. Pièces romantiques	» 95	1 05	» 95
— op 13. Etudes symphoniques	1 15	1 05	» 95
— op 14. Concerto sans orchestre	1 15	1 50	1 15
— op 15. Scènes d'enfants	» 45		» 50
— op 16. Kreisleriana	» 75	1 05	» 95
— op 17. Fantaisie	» 75	1 05	» 95
— op 18. Arabesque	» 45	1 05	» 50
— op 19. Blumenstücke	» 45	1 05	» 50
— op 20. Humoresque	» 75	1 05	» 95
— op 21. Novellettes	1 50	1 05	1 15
— op 22. Sonate en *sol* mineur	» 75	1 05	» 95
— op 23. Heures du soir	» 60	1 05	» 60
— op 26. Folie de carnaval	» 75	1 05	» 95
— op 28. Trois romances	» 45	1 05	» 50
— op 32. Quatre pièces	» 45	1 50	» 95
— op 46. Andante et variations			1 50
— op 54. Concerto	1 15	1 05	1 15
— op 56. Etudes pour piano à pédales			1 35
— op 58. Esquisses			1 35
— op 68. Album de la jeunesse	1 15	1 05	1 15
— op 72. Quatre fugues	» 45		» 95
— op 76. Quatre Marches	» 60	1 50	» 95
— op 82. Dans la forêt	» 60		» 60
— op 92. Concerstucke	» 75	1 50	» 95
— op 99. Feuilles variées	» 95	1 05	
— op 111. Trois fantaisies	» 45		» 50
— op 118. Sonatine pour la jeunesse	1 15	1 05	1 15
— op 124. Feuillets d'album	» 75	1 05	» 95
— op 126. Sept fuguettes	» 60	1 50	» 95
— op 133. Chant du Matin	» 45	1 50	» 95
— op 134. Allegro de Concert	» 75		» 95
— Quatre Symphonies	2 85	3 »	2 85
— op 38. 1re symphonie si bémol	» 95		» 95
— op 61. 2e — ut	» 95		» 95
— op 97. 3e — mi bémol	» 95		» 95
— op 120. 4e — ré mineur	» 95		» 95
— op 39. Liederkreis		1 05	
— op 42. L'Amour d'une femme		1 05	
— op 44. Quintette		2 05	
— op 46. Andante et variations		2 05	

MUSIQUE CLASSIQUE

PIANO A DEUX MAINS

	LITOLFF	PETERS	BREITKOPF et HARTEL
Schumann. op 48. L'Amour du Poète.		1 05	
— op 52. Ouvert. Scherzo-Finale.		2 05	
— op 66. Reflets d'Orient.		2 05	
— Mélodies transcrites.	95	1 05	1 15
— Album de 11 pièces	1 50		
Clara Schumann. Œuvres de piano			2 85
Thomé. Pièces caractéristiques.	1 50		
Steibelt. Etudes en. 1 vol.		1 50	
— Etudes en. 2 vol. à			1 15
Weber. Sonates.	1 40	1 50	1 70
— Compositions	1 15	1 50	1 50
— Variations	1 15	1 50	
— Concertos	1 50	1 50	

RECUEILS D'OUVERTURES
A DEUX MAINS

	LITOLFF	PETERS	BREITKOPF et HARTEL
Beethoven. 11 ouvertures.	1 50	1 50	1 50
Bellini. 7 ouvertures	1 50		
Bellini-Rossini. Ouvertures célèbres.		1 20	
Cherubini. 9 ouvertures.			1 15
Donizetti, etc. 9 ouvertures	1 50		
Glück. —	1 50		1 15
Glück-Haydn-Méhul. 8 ouvertures.		1 50	
Mendelssohn. 11 ouvertures. 1 vol.		1 50	1 50
— 11 — 2 vol. à	1 50		
Mozart. —	1 50	1 20	1 40
Reissiger-Spohr. 5 ouvertures	95		
Rossini. 6 ouvertures	1 50		
Schubert. —	1 15	1 50	
Schumann. 7 ouvertures.	1 50	1 50	1 50
Suppé. 12 ouvertures. 2 vol. à	3 ..		
Weber. 10 —	1 50	1 20	1 40
Albums d'ouvertures. Divers auteurs 3 vol. à	1 05		
Albums d'ouvertures. Divers auteurs 1 vol. à		1 35	

OUVERTURES SÉPARÉES
A DEUX MAINS

	LITOLFF	PETERS	BREITKOPF et HARTEL
Beethoven. Coriolan	40		
— Egmont	40		
— Fidelio	40		
— Prométhée	40		
— Ruines d'Athènes	40		
Bellini. La Norma	40		
— Le Pirate	40		
— La Sonnambule	40		
— La Straniera	40		
Boïeldieu. Le Calife de Bagdad	40		
— Jean de Paris	40		
Cimarosa. Le Mariage secret	40		
Donizetti. Anna Bolena	40		
— l'Elizire d'Amore	40		
Glück. Alceste	40		
— Armide	40		
— Iphigénie en Aulide	40		
— Iphigénie en Tauride	40		
— Orphée	40		
Kühlau. La Caverne des brigands	40		

OUVERTURES SÉPARÉES
A DEUX MAINS

	LITOLFF	PETERS	BREITKOPF et HARTEL
Kreutzer. Une nuit à Grenade	40		
Méhul. La Chasse du jeune Henri	40		
— Joseph	40		
Mendelssohn. La Belle Mélusine	40		
— Athalie	40		
— La Grotte de Fingal	40		
— Paulus	40		
— Ruy-Blas	40		
— Songe d'une nuit d'été	40		
Mozart. Don Juan	40		
— La Flûte enchantée	40		
— Cosi fan tutte	40		
— Les Noces de Figaro	40		
— l'Enlèvement au Sérail	40		
— Idoménée	40		
Rossini. Le Barbier de Séville	40		
— La Gazza ladra	40		
— L'Italienne à l'Alger	40		
— Sémiramis	40		
— Tancrède	40		
Schubert. Rosamunde	40		
Weber. Le Freyschütz	40		
— Obéron	40		
— Préciosa	40		
— Euryanthe	40		
Toutes ces ouvertures sont arrangées pour piano à *quatre mains*. Chacune	60		

ALBUMS DIVERS
A DEUX MAINS

	LITOLFF	PETERS	BREITKOPF et HARTEL
Album national français. 100 airs popul.	2 65		
— pyrénéen. 40 chants populaires.	2 65		
— national anglais.	2 ..		
— — allemand 2 vol. à	1 15		
— — russe.	2 25	1 05	
— — espagnol.	2 25		
— — hongrois 2 vol. à	2 25		
— — croate.	2 25		
— — serbe.	2 25		
— — hollandais.	1 15		
— — bohémien.	1 50		
— de chants nationaux de tous les pays	1 50		
Album de danses hongroises. 1er vol.	1 50		
— de czardas. 2e vol.	1 90		
— classique 2 vol. à	1 90		
— de marches célèbres.	1 50	1 05	1 ..
— de nocturnes célèbres.	1 15		
— de menuets	1 50	1 05	
— de gavottes	1 50	1 05	1 50
— de valses (Métra, Waldteufel, Strauss)	3 ..		
— de la jeunesse facile	1 50		
— du dimanche	1 90		
Opéra-Album. mélodies faciles	1 15	1 50	
Sonatines-Album. sonatines auteurs divers	1 50	1 50	
Strauss-Album. danses choisies 3 vol. à	1 15		
Les Petits Chefs-d'œuvre. faciles 2 vol. à	2 25		
Album de marches funèbres		1 05	
— de ballets		1 05	
— de salon (Grieg, etc.)		2 05	
— de sonates. 2 vol. à		1 50	

MUSIQUE CLASSIQUE

PARTITIONS COMPLÈTES
A DEUX MAINS

	LITOLFF	PETERS	BREITKOPF et HARTEL
J.-S. Bach. La Passion selon saint Mathieu	1 50	1 50	
Beethoven. Egmont	1 50	1 50	
— Fidelio	1 50	1 50	
— Prométhée	1 50	2 05	
— Les Ruines d'Athènes	1 50	2 05	
Bellini. La Norma	1 50	1 50	
— Roméo et Juliette	1 50	1 50	
— La Somnambule	1 50	1 50	
— Les Puritains	1 50	1 50	
— Le Pirate	1 15		
— La Straniera	1 15		
Boïeldieu. Le Calife de Bagdad	1 50		
— Jean de Paris	1 50	2 05	
Donizetti. L'Elizire d'Amore	1 50	1 50	
Glück. Alceste		2 05	
— Armide	1 15	2 05	
— Iphigénie en Aulide	1 50	2 05	1 50
— Iphigénie en Tauride	1 50	2 05	1 50
— Orphée	1 50	1 50	
Haëndel. Le Messie	1 50	2 05	
— Samson	1 50		
Haydn. La Création	1 50	1 50	
— Les Sept paroles du Christ	1 15		
— Les Saisons	1 50	1 50	
Lortzing. L'Armurier	1 90		1 90
— Czar et charpentier	1 90		1 90
— Ondine	1 90		1 90
Méhul. Joseph	1 50	1 50	
Mendelssohn. Antigone	1 50	1 50	
— Athalie	1 50	1 50	1 50
— Elie	1 50	1 50	
— Paulus	1 50	1 50	
— Songe d'une nuit d'été	1 50	1 50	1 50
— Œdipe	1 50		1 50
Mozart. Don Juan	1 50	1 50	
— L'Enlèvement au sérail	1 50	1 50	
— Idoménée	1 50		
— Flûte enchantée	1 50	1 50	
— Noces de Figaro	1 50	1 50	
— Requiem	1 50	1 50	
Pergolèse. Stabat Mater	1 50		
Rossini. Le Barbier de Séville	1 50	1 50	
— Othello	1 50	1 50	
Schumann. Faust		3 »	
— Geneviève		3 »	
— Manfred		1 50	1 50
— Le Paradis et la Péri		3 »	2 85
— La Vie d'une rose		1 50	
Weber. Euryante	1 50	1 50	
— Le Freychütz	1 50	1 50	1 50
— Obéron	1 50	1 50	1 50
— Préciosa	1 50	1 50	

Piano à Quatre Mains
COMPOSITIONS DIVERSES

	LITOLFF	PETERS	BREITKOPF et HARTEL
Album classique de compositions diverses	1 50	1 50	
— de marches célèbres	1 90	1 05	
— de gavottes	1 90		
Album de menuets	1 90		
— de chants nationaux et religieux	1 90		
— d'airs populaires français	3 75	1 30	
— de danses hongroises (czardas)	1 50	1 50	
Beethoven. Compositions originales	1 15	1 05	
— 9 symphonies . . . 2 vol. à	3 75	3 »	3 20
— 32 sonates de piano . 5 vol. à	4 50		
— 10 — de violon . 4 vol. à		2 05	
— 6 — de violoncelle. 2 vol. à		2 05	
— op 20. Grand septuor	1 15	1 05	1 05
— op 8. Sérénade	1 15		
— Cinq concertos			4 35
Chopin. Valses	1 50	1 20	1 35
— Mazurkas		1 20	1 90
— Polonaises		1 20	1 90
— Nocturnes		1 20	
— Album de 8 pièces choisies	3 »		
Clementi. Sonates	1 40	1 20	1 30
— Sonatines		1 05	
Diabelli. Sonatines et sonates . 3 vol. à	1 05		1 05
— Sonatines . . . en 2 vol. à		1 05	
— Sonates . . . en 2 vol. à		1 05	
— op 150. Sonates mignonnes	1 05	1 05	1 05
— op 149. Etudes mélodiques sur 5 notes	1 05	1 05	1 05
— op 163. Délices de la jeunesse	1 05		1 50
— op 164. Danses de la jeunesse	» 45		
C. Franck. Les Eolides (poème)	2 25		
Grieg. op 11. Ouverture de concert		2 05	
— op 14. Pièces symphoniques		1 50	
— op 19, n° 2. Marche nuptiale		1 50	
— op 16. Concerto la mineur		4 »	
— op 27. Quatuor		4 »	
— op 34. Mélodies élégiaques		1 05	
— op 35. Danses norwégiennes		2 05	
— op 37. Valses caprices		1 50	
— op 40. Holberg, suite		2 05	
— op 46. Peert-Gynt suite n° 1		2 05	
— op 55. — — — n° 2		2 05	
— op 55, n. 2, Danse arabe		1 05	
— op 56. Sigurd Jorsolfar		2 05	
— op 56, n° 3. Marche triomphale		1 50	
Haydn. 24 symphonies . . en 4 vol. à		2 55	
— 12 — . . en 2 vol. à	2 65		2 65
— Trios . . . en 2 vol. à		2 05	2 10
Hummel. Sonates	1 15	2 05	
— Septuor en ré mineur	1 70	2 05	
Kuhlau. 6 sonatines originales	1 15	1 05	
— op 20. Sonatines	» 95	1 05	
Lanner. Valses	1 70	1 20	
Mendelshonn. Compositions originales	1 15	1 05	1 15
— 5 symphonies . . 1 vol. à	3 75		3 20
— — . . 2 vol. à		1 50	
— Romances sans paroles	1 90	2 05	
— Concertos	1 50	2 05	
— Marches	1 15	1 05	
— 3 sonates	2 25		
Mozart. Sonates	2 25		2 05
— Compositions originales		2 05	
— Symphonies . . . 2 vol. à	5 25		
— Symphonies célèbres . 2 vol. à	1 70	2 55	2 65

MUSIQUE CLASSIQUE

PIANO A QUATRE MAINS

	LITOLFF	PÉTERS	BREITKOPF et HARTEL
Mozart. 6 concertos . . . . . 3 vol. à		2 05	
Opéra. Album, 34 airs célèbres	1 70		
Saint-Saëns. 4 poèmes symphoniques : (danse macabre, Rouet d'Omphale, Phaéton, etc.)		4 50	
Schubert. Compositions originales 2 vol. à	5 25		
— — — 3 vol. à		2 55	
— Symphonie en *ut* majeur . . .	1 70	1 50	1 50
— — en *si* mineur . . .	1 15	1 05	
— — en *si* bémol . . .	1 15		
— 4 symphonies réunies		3 "	
— Marches militaires . . .	1 70	1 50	1 70
— 22 mélodies choisies.	1 50	1 50	
— Polonaises	1 15	1 05	1 15
Schumann. op 38, 1re symphonie en *si* bémol	1 15		1 15
— op 61, 2e — en *ut*	1 15		1 15
— op 97, 3e — en *mi* bémol	1 15		1 15
— op 120, 4e — en *ré* mineur	1 15		1 15
— Les 4 symphonies réunies . .	3 40	3 "	
— op 15. Scènes d'enfants . . .	" 95	1 05	1 15
— op 68. Album de la jeunesse .		1 50	
— op 46. Andante et variations .		1 50	1 50
— op 66. Reflets d'Orient . . .	1 15	1 05	1 15
— op 85. Douze pièces	1 15		1 15
— op 109. Scènes de bal . . .	1 15		1 15
— op 9. Carnaval			1 15
— op 54. Concerto		1 50	1 50
Weber. Compositions originales		1 50	1 50
— 20 pièces faciles	1 50		
Wolhfart. L'Ami les enfants (facile) . .		1 20	

RECUEILS D'OUVERTURES
A QUATRE MAINS

	LITOLFF	PÉTERS	BREITKOPF et HARTEL
Beethoven. Ouvertures	1 50	2 05	2 05
Bellini. —	1 50		
Bellini-Rossini. —		1 50	
Cherubini. 9			1 90
Glück. Haydn, Méhul. Ouvertures. . . .		1 50	
Glück. 5 ouvertures			1 40
Mendelssohn. 11 — . . . . 2 vol. à	1 90	2 05	
— . . . . 1 vol. à		2 05	
Mozart. —	1 50	2 05	1 50
Schubert. —	1 50	2 05	
Schumann. —	1 90	2 05	1 90
Suppé. 12 — . . . . 2 vol. à		3 "	
Weber. 10 —	1 50	1 50	1 50
Ouvertures-album. (Divers) . . 3 vol. à	1 50		
Rossini. 6 ouvertures	1 50		

PARTITIONS COMPLÈTES
A QUATRE MAINS

	LITOLFF	PÉTERS	BREITKOPF et HARTEL
Bach. La Passion			
Beethoven. Egmont	1 50	3 "	
— Fidelio	2 25	2 05	
— Messe solennelle en *ré* . .		3 "	
— Ruines d'Athènes		2 05	
Bellini. La Norma	2 25	2 05	
— La Sonnambule	2 25	2 05	

PARTITIONS COMPLÈTES
A QUATRE MAINS

	LITOLFF	PÉTERS	BREITKOPF et HARTEL
Glück. Orphée		2 05	
Hændel. Le Messie		3 "	
Haydn. La Création		3 "	
— Les Saisons		3 "	
Mendelssohn. Athalie	1 90	2 05	1 90
— Elie		3 "	
— Songe d'une nuit d'été . .	1 50	1 50	1 50
Mozart. Don Juan	2 05	2 55	
— L'Enlèvement au Sérail		3 "	
— La Flûte enchantée	2 25	2 05	
— Les Noces de Figaro . . .	3 "	2 55	
— Requiem		2 05	2 10
Rossini. Le Barbier de Séville	2 25	2 05	
Schumann. Faust		3 "	
— Geneviève		4 "	
— Manfred			1 50
— Le Paradis et la Péri . . .		3 "	3 "
Weber. Euryante		3 "	
— Obéron	3 "	3 "	3 "
— Préciosa		2 05	
— Robin des bois (Freychütz) . . .	2 25	2 55	2 85

DEUX PIANOS
A QUATRE MAINS

	LITOLFF	PÉTERS	BREITKOPF et HARTEL
Chabrier. Espana, rhapsodie	3 75		
C. Franck. Les Eolides (poème symph) .	3 75		
Chopin. Concerto en *mi* mineur, op 11 . .	3 60		
Mozart. Sonate et fugue	1 50	1 50	
Schumann, op 46. Andante et variations	" 95	1 05	1 15
Chaminade. Pas des cymbales	3 "		
Weber. Concerstuck en *fa* mineur . . .	2 40		

DEUX PIANOS
A HUIT MAINS

	LITOLFF	PÉTERS	BREITKOPF et HARTEL
Beethoven. Septuor, op 20	2 25	2 05	
— Huit symphonies, . . chacune		3 "	3 "
— 9e symphonie		5 "	3 "
Mendelssohn. Marche du Songe . . .	1 15		1 90
Schumann. Quatre symphonies, . chacune		3 "	
Weber. L'Invitation à la valse	1 15		

PIANO & VIOLON

	LITOLFF	PÉTERS	BREITKOPF et HARTEL
Le Concert au Salon. Collection de 120 transcriptions classiques (demander le catalogue détaillé). Chaque numéro, . net	" 75		
Album de marches célèbres	1 90		
— de gavottes	1 90		
— de menuets	1 90		
— de danses hongroises	1 50		
— populaire pour les commençants .		1 50	
Bach. 6 sonates. . . . . . . 2 vol. à	1 70	2 25	
Beethoven. — . . . . 1 vol. à	4 50	4 "	
— — . . . . 2 vol. à			2 65
— Concerto et romances . . .	1 70		

MUSIQUE CLASSIQUE

PIANO & VIOLON

	LITOLFF	PETERS	BREITKOPF et HARTEL
Beethoven Sérénade. op 8	1 15	1 50	
— Septuor. op 20	1 15	1 05	1 05
— Adagios et andantes	1 90		
Chopin. Valses	1 50	1 50	1 50
— Mazurkas	1 90	1 50	
— Nocturnes . . . 1 vol. à		1 50	
— Nocturnes . . . 2 vol à	1 50		
— Sonate			1 15
Clementi. 6 sonatines	1 15		
Ch. Dancla. 3 petites bluettes faciles	1 50		
— op 191. 6 mélodies	2 65		
Dusseck. Sonatines		1 50	
— Sonates	1 70		
Field. Nocturnes		1 50	
Gébauer. op 12. Duos . . . 2 vol à	1 15		
Haydn. 8 sonates	3 »	2 55	2 65
— Adagios et andantes	1 90		
— 6 symphonies . . . 2 vol à		2 05	
Grieg. op 8. Sonate 1 en *fa* majeur		2 05	
— op 12. Morceaux lyriques		1 50	
— op 19. n° 2. Marche nuptiale		1 05	
— op 35. Danses norwégiennes		2 05	
— op 38. Morceaux lyriques		1 50	
— op 45. Sonate 3 en *ut* majeur.		3 »	
— op 36. Sonate de violoncelle arrt		3 »	
— op 43 et 47. Morceaux lyriques		1 50	
— op 46. Peer-gynt suite. arrt		2 05	
— Compos. arrang. par Sauret 3 vol à	1 50	1 50	
Kreutzer. Concertos n°s 13, 14, 18, 19, chac.	1 70	1 50	
Launer. Valses célèbres		1 50	
Les Maîtres de la Jeunesse. Albums			
Haydn. Mozart . . . 1 vol.		1 50	
Beethoven. Schubert . . . 1 vol.		1 50	
Mendelssohn. Schumann . . . 1 vol.		1 50	
Morceaux classiques. Auteurs divers.			
4 volumes . . . à		2 05	
Mazas. 12 duos. op 38 . . . 2 vol à	1 15		
Mendelssohn. 3 sonates	2 25		
— Romances sans paroles	1 50	2 05	
— op 64. Concerto	1 15	1 05	1 15
— Adagios et andantes	1 90		
— Marches		1 05	
— Ouvertures	1 70	2 05	3 75
Mozart. Sonates	3 25	1 50	4 90
— Adagios et andantes	1 90		
— Sonatines		1 50	
— Symphonies	1 70	3 »	
— Deux concertos . . . chacun		2 »	
— Ouvertures	1 70	1 50	
Opéra. Album (mélodies)	1 70		
Pleyel. 6 duos. op 8	1 15		
— 6 duos. op 48	1 15		
— op 23 . . . 2 vol à	1 15		
— op 24 . . . 2 vol à	1 15		
Rode. Concertos n°s 1, 4, 6, 7, 8, 10, 11. chac.	1 50	1 50	
Rossini. Ouvertures	1 70		
Schubert. Sonates et rondos	1 90		
— Sonatines		1 20	1 40
— Duos	2 25		
— Marches		2 55	
Schumann. Deux sonates		1 50	
— 1re sonate. op 105	» 95		» 95
— 2e — op 121	1 50		1 15
— Fantaisie. op 131	1 90	1 50	
— 3 romances. op 94	» 95		» 95
— op 38. 1re symphonie en *si* bémol		2 05	2 05
— op 61. 2e — en *ut*		2 05	2 05
— op 97. 3e — en *mi* bémol		2 05	2 05
— op 120 4e — en *ré* mineur		2 05	2 05
— Carnaval. op 9		2 »	
— Adagio et allegro. op 70	» 95		» 95
— Légendes féeriques. op 113	» 95	1 05	» 95
Spohr. Concertos n. 2, 6, 7, 8, 9, 11. chacun	1 50	1 50	1 50
Strauss. Danses célèbres	1 50		
Suppé. Ouvertures			
Tartini. Sonate du diable (*sol* mineur)		1 50	
Vieuxtemps. Fantaisie appassionnata		3 »	
— Ballade et Polonaise		3 »	
Viotti. Concertos n°s 22, 23, 28, 29. chacun	1 50	1 50	
— Concertos. 20 et 24 chacun	1 50	1 50	
Weber. 6 sonates	1 50	1 20	
— Sonatines		1 50	
— L'invitation à la valse			
— Mouvement perpétuel		1 50	
— 6 ouvertures	1 70	1 50	

VIOLON SEUL

	LITOLFF	PETERS	BREITKOPF et HARTEL
Bach. 6 sonates		1 50	1 70
Blumenstengel. Gammes et exercices de 1re position	1 15		
— Les 3 premières positions.	1 15		
Campagnoli. Divertissements, op 18	1 15		1 15
Fiorillo. 36 études	1 15	1 05	
Gavinies. 24 matinées (études)	1 15	1 05	
Grünwald. Premiers exercices		1 50	
— Etudes spéciales	1 90		
Kreutzer. 40 études (ou caprices)	1 15	1 05	» 95
Mazas. op 36, n° 1, études spéciales.	1 50	1 20	
— — n. 2. — brillantes	1 50	1 20	
— — n. 3. — d'artistes	1 50	1 20	
Paganini. Caprices	1 15	1 20	1 40
Prume. Grandes études	1 15		
Rode. 24 caprices	1 15	1 05	
— 12 Etudes	1 15		
Album national français. 100 airs	1 15		
Les Petits Chefs-d'œuvre. 100 airs	1 15		
Rossini. Le Barbier de Séville	» 95		

DEUX VIOLONS

	LITOLFF	PETERS	BREITKOPF et HARTEL
Bruni. Duos faciles	» 75	1 05	» 95
Campagnoli. Duos faciles	1 15	1 20	1 15
Gébauer. op 10. Duos	1 15	1 20	
Mazas. op 38. n° 1. Duos faciles	1 15	1 05	
— op 38. n. 2. Duos	1 15	1 05	
— op 60. Duos 1re position	1 15	1 05	
— op 61. Duos faciles	1 15	1 05	
— op 85. Duos abécédaires	1 15	1 05	
— op 86. Duos élémentaires	» 95	1 05	
— op 40. Duos brillants . . . 2 vol. à	1 15	1 05	
Pleyel, op 8, 48, 59. Duos . . . 3 vol. à		1 05	
— op 8. Duos . . . 1	1 15		
— op 48, 59. Duos . . . 1 —	1 15		
— op 23, 24, 61. Duos . . . 3 —		1 05	
— 3 duos faciles	» 95	1 05	
Schubert. Mélodies choisies		2 05	
Schumann. Album à la jeunesse		1 50	
Spohr. Duos op 3, 9, 39, 67, 148, 150, 153. 7 vol. à	1 50	1 50	
Viotti. Duos complets . . . 12 vol. à		1 20	

DEUX VIOLONS & PIANO

	LITOLFF	PETERS	BREITKOPF et HARTEL
Gébauer, op 40. 12 duos . . . 2 vol. à	1 50		
Mazas, op 38. 12 duos . . . 2 vol. à	1 50		
Pleyel, op 8. 6 petits duos	1 50		
— op 48. 6 petits duos	1 50		
— op 23. 6 duos . . . 2 vol. à	1 50		
— op 24. 6 duos . . . 2 vol. à	1 50		

MUSIQUE DE VIOLONCELLE

VIOLONCELLE SEUL

	LITOLFF	PETERS	BREITKOPF et HARTEL
Dotzauer. 113 études en . . . 4 vol. à	1 50		
Duport. Exercices	1 50	2 05	
Schroder. Etudes élémentaires	1 15		

PIANO ET VIOLONCELLE

	LITOLFF	PETERS	BREITKOPF et HARTEL
Album de marches	1 90		
— de gavottes	1 90		
— de menuets	1 90		
Bach. 3 sonates		3 »	
Beethoven. Sonates	3 40	3 »	3
— Valses	1 90		
— Nocturnes . . . 2 vol. à	1 90	3 »	1 90
— Mazurkas	1 50		1 90
Goltermann, op 15. Grand duo		2 05	
— op 25. Grand duo		2 05	
Grieg, op 36. Sonates		3 »	
— op 46. Peer-gynt n° 1		2 05	
— 12 morceaux lyriques . . . 2 vol. à		1 50	
Mendelssohn. Romances sans paroles.	1 50		
Mozart. Sonate en *si* bémol		2 05	
Moszkowsky. Guitare		1 50	
Romberg. Concertos 1 à 10 . . . 10 vol. à	1 90	2 05	

MUSIQUE CLASSIQUE

PIANO & VIOLONCELLE

	Litolff	Peters	Breitkopf et Härtel
Schubert. Moments musicaux,	" 95		
Schumann, op 102. Pièces	" 95	2 05	" 95
— op 129. Concerto	1 50	1 50	1 70
— op 70. Adagio et allegro	" 95		" 95
— op 73. Fantasiastücke	" 95		" 95
— op 94. 3 romances	" 95		
Casella. Un moment de tristesse	1 50		

MUSIQUE POUR FLUTE ET PIANO

	Litolff	Peters	Breitkopf et Härtel
Albums de marches	1 90		
— de gavottes	1 90		
— de menuels	1 90		
Beethoven. 16 thèmes variés	3 "		
— Sérénade, op 8	1 15		
Bach. 6 sonates . . . 2 vol. à	2 "		2 55
Chopin. Valses	1 30		
— Nocturnes . . . 2 vol. à	1 50		
— Mazurkas	1 90		
Grieg. op 12. Morceaux lyriques	1 15	1 50	
Kuhlau. Variations	1 15		
— op 57. 3 solos	1 70		
— op 110. 3 duos brillants	1 70		
Lanner. 10 valses	1 50	1 50	
Mendelssohn. Romances sans paroles	1 70		
Opéra-Album. Mélodies favorites			

DEUX FLUTES

	Litolff	Peters	Breitkopf et Härtel
Berbignier, op 59, 6 petits duos	" 75		
Furstenau, op 114, 3 duos concertants	" 95		
— Duos faciles . . . 2 vol. à	1 15		
Kuhlau. Duos, op 10, 39, 80, 81, 87, 102. 6 vol. à	1 15		
— Duos, op 10, 80, 81 . . . 3 vol. à			1 05

FLUTE SEULE

	Litolff	Peters	Breitkopf et Härtel
Berbiguier. 18 exercices ou études	1 15		
Furstenau. op 15. Exercices	1 15		
— op 107 . . . 2 vol. à	1 15		
Gariboldi. 15 études progressives	1 50	1 50	
Album national français. 100 airs	1 15		
Les Petits Chefs-d'œuvre. 100 airs	1 15		
Album de 30 polkas	1 15		
Album de 20 valses	1 15		
— de mazurkas-rédowas	1 15		
— de quadrilles	1 15		
— de gavottes et menuels	1 15		
Rossini. Le Barbier de Séville	" 95		

CORNET A PISTON

	Litolff	Peters	Breitkopf et Härtel
Album national français. 100 airs	1 15		
Les Petits Chefs d'œuvre. 100 airs	1 15		
Album de 30 polkas	1 15		
— de 20 valses	1 15		
— de mazurkas-rédowas	1 15		
— de quadrilles	1 15		
— de menuets et gavottes	1 15		
— classique auteurs divers	1 15		
Rossini. Le Barbier de Séville	" 95		

HARMONIUM ET PIANO

L'HARMONIUM CONCERTANT

	Litolff	Peters	Breitkopf et Härtel
1 Beethoven. Adagio du Septuor	" 75		
2 — Air varié de la Sérénade	" 75		
3 — Larghetto de la symphonie en ré	" 75		
4 Field. 11e nocturne	" 75		
5 Haydn. Variations sur l'Hymne autrichien	" 75		
6 — Finale de la symphonie en ré	" 75		
7 — Largo — en sol	" 75		
8 Mozart. Larghetto du quintette en la	" 75		
9 — Andante de la symphonie en mi bémol	" 75		
10 — Menuet et sicilienne d'un quatuor	" 75		
11 Rameau. Menuet et rigodon	" 75		
12 Schubert. Deux marches	" 75		
13 Mendelssohn. Adagio de la 3e symphonie	" 75		
14 — Marche nuptiale du Songe	" 75		
15 — Andante de la 4e symphonie	" 75		
— 24 romances sans paroles	1 90		

HARMONIUM SEUL

	Litolff	Peters	Breitkopf et Härtel
Vilbac. Les Perles de l'harmonium	2 25		
— l'Organiste catholique (messe)	2 25		
— — (vêpres)	2 25		
— — (12 offertoires)	2 25		
Wachs. La Chapelle catholique	2 25		
Album français	1 90		
— anglais	1 90		
— allemand	1 90		
— italien	1 90		
— Bach-Haendel	1 15		
— Beethoven	1 15		
— Chopin	1 15		
— Mendelshonn	1 15		
— Mozart	1 15		
— Schubert	1 15		
— Weber	1 15		
— Préludes célèbres	1 90		
— Fugues —	1 90		
Grieg. Album			2 05
Mendelssohn. Romances sans paroles	1 40		
Schumann. 30 pièces	1 15		

ORGUE (A PÉDALES)

	Litolff	Peters	Breitkopf et Härtel
Bach. 15 grands préludes			1 90
Album de morceaux célèbres (facile)		1 50	
— — (moyen)		1 50	
— — (difficile)		1 50	
Herzog. Préludes . . . 3 vol. à		2 05	
Mendelssohn. Œuvres complètes		1 50	
Rinck. École de l'orgue . . . 6 vol. à	1 50		
Schumann. 6 fugues	" 95	1 50	
Volckmar. Archives de l'orgue, 4 vol. à	1 90		
Album de violon et orgue		2 05	
— violon et harmonium	1 90		
Bach. Œuvres complètes . . . 9 vol. à		3 "	

PARTITIONS PIANO ET CHANT
EN FRANÇAIS

	Litolff	Peters	Breitkopf et Härtel
Beethoven. Egmont	2 65		
— Fidelio	1 50		
Bellini. La Norma	2 65		
Gluck. Alceste	3 "		
— Armide	2 65	3	
— Iphigénie en Aulide	3	3	
— — en Tauride	1 90	2 05	
— Orphée	1 90	2 05	
Grétry. Richard Cœur de lion	2 25		
Haydn. La Création	1 90		
— Les Saisons	2 65		
Méhul. Joseph	1 50	1 50	
Mendelssohn. Le Songe d'une nuit d'été	1 50		
— Athalie	1 50		
Monsigny. Le Déserteur	2 25		
Mozart. Don Juan	2 65		
— L'Enlèvement au Sérail	2 65		
— La Flûte enchantée	2 65		

MUSIQUE CLASSIQUE

Partitions de Piano et Chant (*suite*).

Paroles françaises

	Litolf	Peters	Breitof
Mozart. Les Noces de Figaro	2 65		
Rossini. Le Barbier de Séville	2 65		
Weber. Le Freyschütz	2 65		
— Euryante	2 65		
— Obéron	2 65		
— Préciosa	1 15		

MÉLODIES

	Litolf	Peters	Breitof
Mendelssohn. 20 lieders. voix élevées	2 25		
— — — graves	2 25		
— 12 duos. — égales	2 25		
Mozart. 31 mélodies, voix élevées	1 90		
— — — graves	1 90		
Schubert. 30 lieders, — élevées	2 25		
— — — graves	2 25		
Schumann. 26 mélodies, voix élevées	2 25		
— — — graves	2 25		
— La Vie et la Mort d'une femme.			
— Les Amours du poète, voix élevées	2 25		
— Le même, voix graves	2 25		

LE
PARNASSE MUSICAL
Collection de 3,000 morceaux d'auteurs
classiques les plus connus.
Demander le Catalogue détaillé.

ÉDITION FRANÇAISE
DES CLASSIQUES DU PIANO
Un beau volume in-4° broché.
165 pages contenant 15 morceaux des meilleurs auteurs.

Haydn. Sonate en *ut* majeur.
Mozart. Marche turque.
Beethoven. 3 sonatines en *sol-ut-fa*.
Mozart. Variations sur un thème connu.
Scarlatti. 5 pièces célèbres.
Dusseck. Sonatine en *sol*.
Clémenti. Sonate en *si* bémol.
Bach. Deux gavottes favorites.
Hændel. Chacone variée.
Weber. Sonatine en *ut*.
Haydn. Ariette variée en *mi* bémol.
Hummel. Rondo villageois.
Beethoven. Sonate en *fa* mineur.
Haydn. Menuet du Bœuf.
Field. Midi (rondo).

Le volume broché, net. . . 2 fr. 25
Le même, relié rouge, titre en or, net. 2 fr. 75

L'ATHÉNÉE MUSICAL
Collection de 5.000 morceaux d'auteurs classiques
et modernes.

Piano à 2 et 4 mains et musique instrumentale

Demander les Catalogues détaillés.

MÉTRONOMES DE MAELZEL

En Acajou. . . . . net 7 50
En Palissandre. . . . . . net 9 50
— avec sonnerie, en plus. . . 3 50
Emballage soigné. . . . . . . » 50

*Nous recommandons nos Métronomes,
étant tous de fabrication supérieure.*

PAPIER A MUSIQUE

Grand format réglé à 12 portées
placées à distances égales.

Le cahier de 6 feuilles. 0 35
La main de 4 cahiers. 1 25

Remise spéciale pour une grande quantité.

Petits cahiers pour dictées, chacun. 0 10

H. De SORIA fils.
MANUEL DU MAINTIEN
ET DE LA DANSE

Un beau volume de 120 pages, illustré,
avec figures, plans et exemples musicaux.

Prix. 4 50

Ouvrages sur la Musique

Fétis. Biographie des Musiciens 10 vol. in-8 70 fr.
— Histoire générale de la musique. 5 vol.
grand in-8 . . . . 52 50
Cavignac. La Musique et les Musiciens, 1 vol.
in-12. . . . . 4 50
De Brinn'Gaubast. Les Maitres chanteurs de Nurem-
berg. 1 vol. in-8° . . . 3 50
Clodomir. Manuel du chef-directeur, à l'usage des
fanfares et harmonies. 3 50
Lavoix. La Musique française. 1 vol. in-8° 2 75
Meugy. L'Art du violon. 3 50
Miélot. La musique appliquée aux gens du monde
1 volume . . . . 1 fr.
Richert. Cours théorique et pratique de musique
vocale. 4 50
— Traité élémentaire de plain-chant. 1 vol.
in-8° 1 10
Soubies. La Musique allemande. 1 vol. in-8° 2 75
Soulié. Dictionnaire de musique. 2 25
H. Wolzogen. L'Anneau des Nibelungen. Guide
musical. Une brochure . . 1 75
Marmontel. Histoire du piano et ses origines 4 50
— Éléments d'esthétique musical et con-
sidération du beau dans les arts 4 50
Schumann. L'Art du piano traduit par Liszt. 0 90
Wagner. 4 poèmes d'opéras. 3 50

PAPIERS A LETTRES ET ENVELOPPES FANTAISIE

QUALITÉ SUPÉRIEURE

OCCASION

L'ODÉON

EXCELLENT PAPIER VERGÉ

FORMAT ANGLAIS

50 feuilles, 50 enveloppes. Prix . . . . 0 fr. 75

Papier blanc vergé (*L'ODÉON*), b. qual., la boîte de 100 f.. 0^m,18 × 0^m,11.   **0 fr. 75**
Les 100 enveloppes, même papier que le précédent. . . . . 0 fr. 75

PETITE PAPETERIE

(Affaire spéciale)

50 feuilles de papier à lettres.
50 cartes correspondance.
100 enveloppes non transparentes.
Superbe papier grande fantaisie.

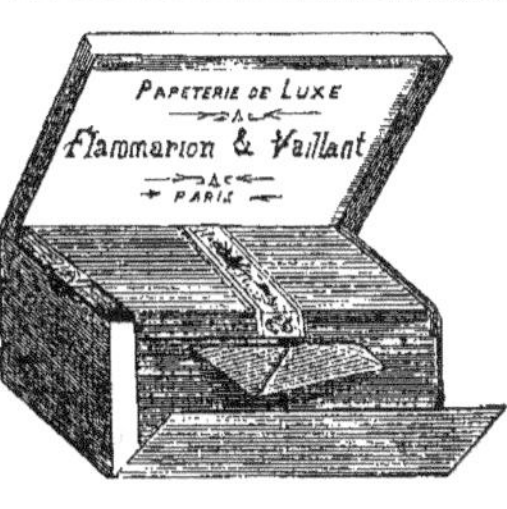

La boîte, *net*. . . . .   2 fr. 90

Blanc — *Gris ou Mauve*

Palet Mill
papier anglais blanc extra
enveloppes opaques
0^m,18 × 0^m,11
50 feuilles, 50 enveloppes.

La boîte, 1 fr. 75

SOLDE

VÉRITABLE JAPON

50 Cartes. — 50 Enveloppes

0 fr. 95 au lieu de **2** fr.

AFFAIRE EXCEPTIONNELLE

Superbe papier anglais, blanc vélin, très fort
50 Feuilles. — 50 Enveloppes

Prix net : 1.25

PAPIERS ET ENVELOPPES

Papier			Prix		Enveloppes			
Papier Pot (0.31×0,24), qual. ordin. La rame de 480 feuil.			3	50	Enveloppes n° 90 le cent	0.40	le mille	3
— — — — fine — —			. 5	»	— 201 —	0.60	—	5 »
— — — — superf. angl. — —			. 6	»	— bleutées —	0.60	—	5 »
— — — — fort — — —			. 7	»	— blanch. glac.	0.90	—	8 »
— Couronne(36×27) — — — — — —			. 10	»	(Format : 0,145^m×0,110^m)			
— Commercial (0,27×0,22) La ramette de 120 feuilles.			2	»				

CRAYONS RECOMMANDÉS
EXTRA-SUPÉRIEURS

Crayons cèdre, non vernis. . . . . la douz.	**0 40**
— — vernis. . . . . —	**» 95**
— — — hexagones. . . . . —	**» 95**
— — — pour carnets. . . . . —	**» 95**
— — — — 0ᵐ10. . . . . —	**» 50**

Crayons couleurs, hexagones, rouges et bleus. la pièce **0 40** — **4 25**
— — — — — — **» 30** — **3 »**
— — ronds, rouges ou bleus. . . — **» 20** — **2 »**
— — — — — — **» 10** — **1 »**

Crayons Faber, polygrades, Nᵒˢ 0, 1, 2, 3, 4, 5. . . . . la douz. **1 50**
— **Gilbert**, — Nᵒˢ 0, 1, 2, 3, 4, 5. . . . . . . — **1 50**
— **Conté**, pour dessin, Nᵒˢ 1, 2 . . . . — **1 50**
— — — Nᵒ 3 . . . . — **2 »**
Étuis, contenant 6 crayons de nuances différentes. . . . . . . L'étui. **» 60**
— — 12 — — — . . . . — **1 »**

INTERPRÉTATIONS POUR DESSINER SIMPLEMENT
NOUVELLE METHODE DE DESSIN
Par JACQUOT et RAVOUX

En 8 cahiers, chaque. . . . . net **0 25**
— — réunis en 1 vol. oblong (22×18), relié toile . . net **2 50**
Le même, en percaline . . . . net **2 75**

DERNIÈRE CRÉATION

Très élégant encrier de bureau en bronze, longueur 0ᵐ,23,
forme Gondole Vénitienne (Bronze Barbedienne frotté au vert
Louis XVI . . . . net **6 50**
Port et emballage en plus 1 25

ENVELOPPES VISITE

Papier anglais, fermant avec patte. . . . . le cent. **0 60**
— — gommées. . . . . — **» 75**
— — petit deuil . . . . — **» 75**
— — moyen — . . . . — **1 »**
— — grand — . . . . — **1 20**

SERVIETTES

		LARGEUR EN CENTIMÈTRES					
		26	29	32	35	38	41
Moleskine mate, filets vernis	à soufflets	1 75	1 90	2 25	2 50	2 75	3 »
Genre mouton, grande poche	—	»	3 50	3 75	4 »	4 50	5 »
Mouton chagriné	—	»	8 »	9 »	10 »	11 »	12 »
— qualité extra	—	»	10 »	11 »	12 »	13 »	14 »
— —	—	»	»	14 »	15 »	17 »	20 »

SOUS-MAINS

	Cloche 30×20	Pot 32×22	Tellière 35×23	Couronne 37×24	Écu 40×26	Carré 44×28	Raisin 48×32	Jésus 54×37
Toile cirée, filets mats	0 50	0 55	0 65	0 75	1 »	1 20	1 50	1 75

BLOCS-BUVARDS

	Pot	Couronne	Écu	Carré	Raisin	Jésus	Colombier 65×50
Coins mouton, chagrinés	1 50	1 75	2 »	2 50	2 75	3 »	3 50

PLUMES RECOMMANDÉES

Plume des Sénateurs

Excellentes plumes acier ne grattant
pas le papier.
Utiles aux vieillards
et aux personnes qui écrivent gros.

La boîte de 100 plumes net. **1 60**

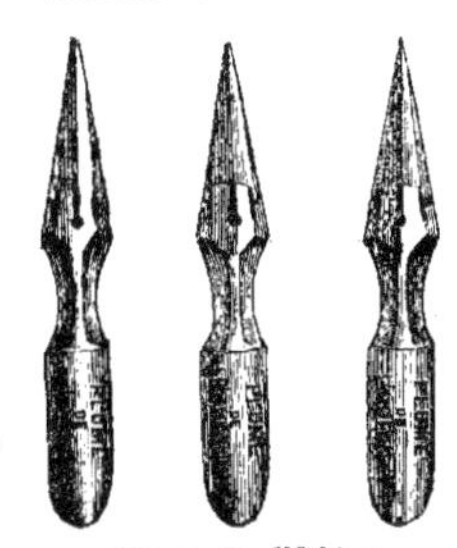

Plume Racine
Qualité acier extra.
La boîte de 144 plumes, net. **1 50**

Plume de l'Odéon
Qualité supérieure adoptée dans
les principales écoles,
trois grosseurs de pointes.
La boîte de 144 plumes, net. **1 75**

(Remise de 10 pour 100 par boîtes assorties.)

PLUMES MALLAT

Nᵒˢ 10, 12, 13, 20, chaque boîte		2 50
Nᵒˢ 11, 14, 17, 18, —		1 75
Plume oblique Mallat, extra-rapide (la boîte)		3 50

PLUMES BLANZY-POURE

135 *bis*... (la boîte)	1 60	Ronde, 1 à 6 (la boîte)	1
Lance, —	» 75	Nᵒ 151. Mains —	1
80 *bis*... —	» 90		

PLUMES JOHN MITCHELL

Nᵒ 75. Longue bronzée (la boîte)	1 75	Lance (la boîte)	1 50
Nᵒ 45. Tête de mort —	1 25	Ronde —	1 60
Plumes Sergent-Major (la boîte de 144 plumes)			1 »
— — — 100 —			» 75
— — — 36 —			» 50

ÉTUI SCOLAIRE

Un porte-plume, 1 canif, 1 porte-crayon, le tout dans un étui. (Chaque pièce est en métal
blanc à torsades.) 11 centimètres. Prix . . . . . . » 50
Le même, 17 centimètres. . . . . » 95

ALBUMS TIMBRES-POSTE

L. RICHARD

ALBUM IN-4°

Nouvellement composé et divisé de façon à pouvoir s'en servir indéfiniment, orné de dessins des différents types de timbres, ainsi que de nombreuses armoiries de pays ; ouvrage comprenant les émissions de 1840 à 1895 et formant 600 pages. Deux parties réunies en 1 volume, relié en demi-toile . . . . 10 fr. **50**

Le même ouvrage, imitation cuir, plaque spéciale. 1 volume. . . . . 12 fr. »

Le même ouvrage, genre demi-reliure, coins, titre en or. 1 volume. . . . . 14 fr. »

Le même ouvrage, avec tables alphabétiques, reliure demi-toile, impression sur beau papier. 1 volume. . . . . 23 fr. **50**

Le même ouvrage, impression sur beau papier satiné, plaque spéciale, superbe vol. 25 fr. »

Le même ouvrage, reliure demi-toile, plaque spéciale, en 2 volumes. . . . . 32 fr. »

Le même ouvrage, reliure toile, plaque spéciale, en 2 volumes. . . . . 36 fr. »

Le même ouvrage, magnifique *édition de grand luxe*, reliure originale en toile, dessin de la couverture en relief, tranches dorées, serrures mobiles, feuillets supplémentaires. 2 volumes . . . . **70 fr.** »

Le même ouvrage, papier vélin supérieur, reliure antique, dos maroquin, plats ornés, tranches dorées, serrures mobiles munies de boutons, feuillets supplémentaires, etc. 2 magnifiques volumes, reliés. . . . . 110 fr. »

Le même ouvrage, divisé en 3 volumes, reliure riche, maroquin plein, renfermés en étuis. . . . . 200 fr. »

Édition VICTORIA

ALBUM IN-8°

Contenant 1.000 illustrations réduites et 1.800 cases vacantes pour timbres, 78 pages, cartonnage papier. . . . . 0 fr. 60

Le même Album, cartonnage imitation toile, fers spéciaux . . . . 0 fr. 90

ALBUM GRAND IN-8°

Contenant 1.070 illustrations réduites, 2.200 cases vacantes pour les timbres, 78 pages, cartonnage plaque spéciale. . . . . 1 fr. 25

Le même Album, 94 pages, reliure plaque . . . . 1 fr. 50

— - reliure toile, fers spéciaux. 1 fr. 75

ALBUM PETIT IN-4°

Contenant 1.070 illustrations, 3.100 cases vacantes et environ 175 illustrations de timbres rares, cartonnage plaque spéciale . . . . 2 fr. 25

Le même Album, cartonnage riche . . . . 2 fr. 75

ALBUM IN-4°

1.070 illustrations, 3.700 cases vacantes pour les timbres et de nombreuses armoiries d'États, 94 pages, cartonnage papier, plaque spéciale. . . . . 3 fr. 50

Le même Album, imitation cuir . . . . 4 fr. 50

Le même Album, reliure toile, impression en couleurs sur les plats. . . . . 5 fr. 25

Vient de paraître : Catalogue illustré de tous les Timbres-poste 1840×1896, avec leurs prix de vente par V. ROBERT, 1 volume in-8° Prix . . . . 1 fr. 35

NOS PRIMES

Nous pensons être agréables à nos Clients en leur offrant ces divers objets que nous avons fait fabriquer par des maisons spéciales et à des prix tout à fait réduits.

JUMELLE DE TOURISTE

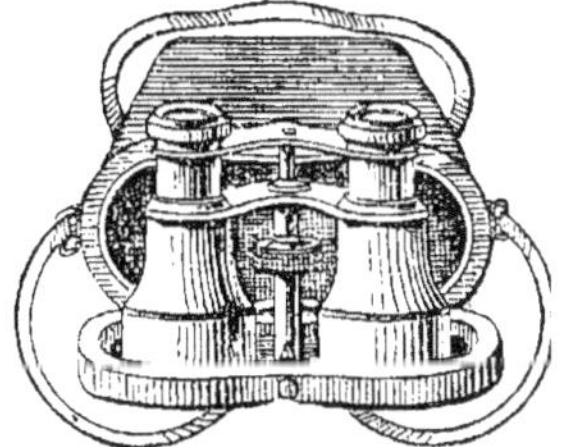

Portée : 18 kilomètres

HUIT VERRES

Au lieu de **30** fr., net . . . . **16** fr.

Cette jumelle est en maroquin noir; elle est montée avec huit verres achromatiques de premier choix. Nous la donnons avec un étui chagrin noir, muni d'un cordon et d'une courroie, permettant de la porter en bandoulière. (Envoi franco de port et d'emballage.)

JUMELLE DE THÉATRE

Portée : 4 kilomètres

Au lieu de **20** fr. net . . . . **10** fr.

Bel étui de chagrin noir. (Envoi franco de port et d'emballage.)

GLOBES TERRESTRES ET CÉLESTES
Dressé par *LEVASSEUR, PÉRIGOT, JUNG.*
FRANCO DE PORT ET D'EMBALLAGE POUR LA FRANCE.

NUMÉROS	CIRCONFÉRENCES	Montés sur pieds bois.		Inclinaison sur l'écliptique, pied bois		Inclinaison sur l'écliptique, pied fonte bronzée		Demi-méridien cuivre, pied bois		Cercle et méridien	
		PRIX		PRIX		PRIX		PRIX		PRIX	
1	» 40	5	»	6	50	7	50	9	»	12	50
2	» 50	6	50	7	50	8	50	10	»	18	»
3	» 80	10	»	12	»	14	»	18	»	30	»
4	1	»	15	»	17	50	18	50	24	»	40	.
5	1	»	52	»	56	»	57	»	72	»	142	»

OCCASION

SPHÈRE TERRESTRE

Montée sur inclinaison sur l'écliptique, pied bois noir. Circonférence : 1 mètre. Franco de port et d'emballage. Net . . 14 50
Montée sur pied de fonte, bronze, franco de port et d'emballage. Net 17 50

OCCASIONS EXCEPTIONNELLES
LES CHEFS-D'ŒUVRE
DU
MUSÉE DU LOUVRE

Magnifiques planches gravées au burin par les meilleurs artistes et tirées sur Chine,
reproduction des tableaux et sculptures les plus célèbres.

Chaque sujet, format 65 × 48. Au lieu de 6 fr., net................ **1** fr. **50**

ÉCOLE FRANÇAISE

1 VAN LOO. **Le Mariage de la Vierge.**
2 VIGÉE LEBRUN. **Son portrait par elle-même.**
3 — La Paix ramène l'abondance.
4 N. POUSSIN. **L'Assomption de la Vierge.**
5 — L'Arcadie.
6 — L'Enlèvement des Sabines.
7 — La Mort de Saphire.
8 — Moïse foulant aux pieds la couronne de Pharaon.
9 — Mars et Vénus.
10 — Voyages de Faunes, Satyres et Hamadriades.
11 — L'Adoration des Mages.
12 — La Sainte Famille.
13 — Bacchanale.
14 — La Mort d'Adonis.
15 — Diogène jetant son écuelle.
16 — Le Déluge.
17 — Orphée.
18 CL. LORRAIN. **Marine.**
19 — Le Campo Vaccino.
20 — La Fête villageoise.
21 — Des bestiaux passant une rivière.
22 — Paysage.
23 — Une Danse au soleil couchant.
24 — Une Marine.
25 — Paysage traversé par une rivière.
26 J. VERNET. **Vue d'un Port de mer pendant le** brouillard.
27 — Marine vue au soleil couchant.
28 — Le Naufrage.
29 — La Tempête.
30 — Le Coup de tonnerre.
31 — Le soleil couchant.
32 — Le Phare.
33 — Port de Mer.
34 — Clair de lune.
35 — Une Rivière coulant entre deux **rochers.**
36 — Le Pont Saint-Ange.
37 — Le Pont Rotto à Rome.
38 — La Cascade.
39 HORACE VERNET. **Bataille de Jemmapes.**
40 — Le Maréchal Moncey à la barrière de Clichy.
41 — CH. LE BRUN. **Le Silence.**
42 — Le Benedicite.

43 XAVIER LE PRINCE. **Guinguette.**
44 L. DE LA HIRE. **Saint François d'Assise.**
45 — Labant cherchant ses idoles.
46 — Un Paysage au soleil couchant.
47 — Les Baigneuses.
48 LENAIN. **Le Maréchal-ferrant.**
49 BARON F. GÉRARD. **Canova.**
50 — Bataille d'Austerlitz.
51 — L'Entrée de Henri IV à Paris.
52 A. DE LORME. **Un Intérieur d'église.**
53 GUÉRIN. **Didon.**
54 BARON GROS. **Bonaparte visitant les pestifé-**rés de Jaffa.
55 — Le Champ de bataille d'Eylau.
56 DAVID. **Le Couronnement.**
57 PATEL. (le père). **Tobie enterrant un Israélite.**
58 — Moïse exposé sur le Nil.
59 SEB. BOURDON. **Auguste visitant le tombeau** d'Alexandre.
60 — Halte de Bohémiens.
61 — Sainte-Famille.
62 SIMON VOUET. **Sainte-Famille.**
63 MICHALON. **Vue de Frascati.**
64 LE SUEUR. **Saint Paul prêchant à Éphèse.**
65 — Vision de Saint Benoist.
66 — Muses. Calliope.
67 —   — Uranie.
68 —   — Terpsichore.
69 —   — Melpomène, Erato et Polymnie.
70 —   — Clio, Euterpe et Thalie.
71 — La Messe de Saint-Martin.
72 — Le Christ à la colonne.
73 — Saint-Paul guérissant les malades.
74 SANTERRE. **Suzanne au bain.**
75 JACQUES STELLA. **Clélie et ses compagnes.**
76 VALENTIN. **Le Jugement de Salomon**
77 — Le Concert.
78 — La Chaste Suzanne.
79 — Le denier de César.
80 MIGNARD. **Sainte Cécile.**
81 JEAN JOUVENET. **L'Extrême-Onction.**
82 — Le Chœur de Notre-Dame.
83 DROUAIS. **La Chananéenne.**

ÉCOLE ITALIENNE

Chaque planche, au lieu de 6 fr., net, **1** fr. **50**

84 RAPHAEL. **Raphaël et son Maître d'armes.**
85 — La Transfiguration.
86 — La Sainte-Famille.
87 — La Vierge au Donataire.
88 — Saint-Michel terrassant Satan.
89 — L'Enfant Jésus caressant saint Jean.
90 — La Belle Jardinière.
91 — Sainte-Cécile.
92 — Le Silence de la Sainte Vierge.
93 — La Vision d'Ezéchiel.
94 — La Vierge à la chaise.
95 — Les Cinq Saints.
96 — Saint Georges, vainqueur du Dragon.
97 — Portrait de Léon X.
98 — Portrait de Jeanne d'Aragon.
99 — Portrait d'un jeune homme.
100 — La Fornarina.
101 — Portrait de Raphaël.

102 RAPHAEL. **La Vierge de la maison d'Orléans.**
103 — Uranie.
104 — Frédéric, duc d'Urbain.
105 — Thalie.
106 — Marc-Antoine Raimondi.
107 GASPARO POUSSIN. **Paysage.**
108 — Des Bergers dans une vallée
109 LEONARD DE VINCI. **Son portrait par lui-**même.
110 — La Joconde.
111 — Sainte Anne, La Vierge et l'Enfant Jésus.
112 — La Belle Ferronnière.
113 SALVATOR ROSA. **La Pythonisse d'Andorre.**
114 — Tobie et Azarias.
115 — Paysage.
116 JULES ROMAIN. **Une Sainte Famille.**
117 — Vénus et Vulcain.
118 — Le Triomphe de Vespasien et de Titus.

OCCASIONS EXCEPTIONNELLES
Musée du Louvre

119 — JULES ROMAIN. La Danse des Muses.
120 LE BOLOGNESE. Des femmes sortant du bain.
121 — Retour d'une Promenade sur l'eau.
122 LE PESAROSE. Le Repos de la Sainte Famille.
123 JEAN DE ST.-JEAN. Les quatre Chasseurs chez le curé Arlotto.
124 J.-M. CRESPI. La Maîtresse d'école.
125 LE CORRÈGE. Saint-Gérôme.
126 — Jupiter et Antiope.
127 — Le Mariage de sainte Catherine.
128 CRÉTY. Un enfant endormi.
129 LANFRANC. Mars et Vénus.
130 PALMA JACOPI (JEUNE). Vénus jouant avec l'Amour.
131 PROCACCINI. La Sainte Famille.
132 LEONELLO SPADA. L'Enfant prodigue.
133 GUISEPPE CESARI. Adam et Ève chassés du Paradis.
134 PIETRE E. SACCHI. Saint Romuald.
135 ALLORI. Judith emportant la tête d'Holopherne.
136 FRA BARTOLOMMEO. Sauveur du Monde.
137 LE TITIEN. Portrait de François 1º.
138 — Le Couronnement d'épines.
139 — Le Martyre de Saint-Pierre le domicain.
140 — Portrait d'Hippolyte d'Est.
141 CARAVAGE. Le Christ porté au tombeau.
142 — La Mort de la Vierge.
143 LE GUIPE. Le Massacre des Innocents.
144 — La Fortune.
145 — David tenant la tête de Goliath.
146 — Le Repos en Egypte.
147 — La Magdeleine.
148 — La Magdeleine nᵒ 2.
149 — Saint Jean-Baptiste et Jésus.
150 — Jésus et la Samaritaine.
151 — Le Dessin et la Couleur.
152 A. SQUAZELLA. Jésus déposé de la Croix.
153 LE DOMINQUIN. Communion de saint Jerôme.
154 — Le Concert.
155 — Enée sauvant Anchise.
156 — Sainte-Cécile.
157 — Timoclée devant Alexandre.
158 — Le ravissement de Saint-Paul.
159 — La vierge à la coquille.
160 — Renaud et Armide.
161 — Le Triomphe de l'Amour.
162 — Hercule et Cacus.
163 LE DOMINIQUIN. Hercule et Acheloüs.

164. LE GIORGION. La leçon de chant.
165 — Un concert.
166 — ANDREA DEL SARTO. Portrait d'Andréa del Sarto.
167 — La Charité.
168 — PAUL VERONEZE. Sainte Famille.
169 — Portrait de Femme.
170 ALEX. VERONEZE. Le Déluge.
171 LE PARMESAN. Sainte Marguerite et la Vierge.
172 LE BASSANO. Le Christ déposé de la Croix.
173 GENTILESCHI. L'annonciation.
174 SCHIDONE.. Le Christ au tombeau.
175 A. CARRACHE. La Nativité.
176 — Le Christ mort sur les genoux de la Vierge.
177 — Le sommeil de l'Enfant Jésus.
178 — Concert sur l'eau.
179 — Un Hermite en méditation.
180 MANFREDI. Assemblée de Buveurs.
181 A. CARRACHE. Hercule enfant.
182 L. CARRACHE. La Vierge et l'enfant Jésus.
183 FRANCISCO ALBANI. La Naissance de la Vierge.
184 — L'air.
185 — La terre.
186 — L'eau.
187 — Le Feu.
188 CARLO MARATTI. Le mariage de Sainte Catherine.
189 PHILIPPE LAURE. L'extase de Sanit-François.
190 LE GUERCHIN. Le Rêve de Saint-Jérôme.
191 — La magicienne Circé.
192 Louis LANA. La mort de Clorinde.
193 ROMANELLI. Vénus et Adonis.
194 P. MOLA. Agar dans le Désert.
195 — Tancrède blessé.
196 Herminie sous l'habit de Bergère.
197 GENNARI. La Magdeleine au Désert.
198 DOMINICO FELI. La Vie champêtre.
199 ANDRE SOLARIS, La Vierge et l'Enfant Jésus.
200 PIERRE de CORTONE. La réconciliation de Jacob et de Laban.
201 — Faustulus apportant Remus et Romulus.
202 — Sainte Martine.
203 LUCA GIORDANO. Mars et Vénus.
204 GIOVANNI PANINI. Le Panthéon de Rome.
205 — Le Temple de Vesta et de l'Arc de Janus.
206 F SOLIMENA L'annonciation de la Vierge.
207 CARLO DOLCI Le Sommeil du petit saint Jean.
208 CH. GIGNANL. Adam et Ève.
209 LUCATELLI. Paysage

ÉCOLE HOLLANDAISE
Chaque planche, au lieu de **6**, net, **1 fr. 50**

210 METZU. Un Militaire faisant servir des rafraîchissements à une jeune femme.
211 — La Musicienne Hollandaise.
212 — La Marchande de Volailles.
213 — Une femme accordant une guitare.
214 — La femme charitable.
215 — Un Chasseur.
216 — Une Cuisinière.
217 — Une femme tenant un pot de bière et un verre.
218 — TERBURG. Un militaire offrant de l'or à une jeune femme
219 — La leçon de musique.
220 — Un officier assis près d'une jeune femme.
221 — Une Jeune femme étudiant sur la mandoline.
222 GERARD DOW. La femme hydropique.
223 — La Famille de Gérard Dowe.
224 — L'arracheur de dents.
225 — Une Jeune femme à sa fenêtre.
226 — Une Femme accrochant une volaille.
227 — La Cuisinière hollandaise.
228 LUDCOFF BACKUYSEN. L'Yacht hollandais.
229 — Le Coup de vent.
230 PH. VAN DICK Judith.
231 FRED MOUCHERON. Une Belle soirée.
232 ISAAC MOUCHERON. Le Matin.
233 ADRIEN DE VOIS.Un Négociant dans son cabinet.
234 TH. MICHAU. L'Hiver.

235 BAMBOCHE. Le Loisir du pâtre.
236 — Le Départ de l'hôtellerie.
237 VAN ASSELYN. Vue du Tibre.
238 J. VAN CRAESBEEKE.L'Atelier de Craesbeeke.
239 J. VAN DER HEYDEN. Vue d'une petite Ville de Hollande.
240 — Village sur le bord d'un canal.
241 JEAN VAN STEEN. Les Plaisirs de famille.
242 — Une Jeune femme malade.
243 JEAN VAN HAGEN. Paysage.
244 KAREL DU JARDIN. Son portrait par lui-même.
245 — Les Charlatans.
246 — Charlatans et Animaux savants.
247 — Le Bocage.
248 — Le Pâturage.
249 — Le Voyageur charitable.
250 — Le Gué.
251 — La Fileuse.
252 — Un Gué.
253 GOVAERT FLUNCH. L'annonce aux Bergers.
254 DAVID DE CONINCK. La Bénédiction de Jacob.
255 B. DOUVEN. La Vierge aux Cerises.
256 A. VAN OSTADE. Le Maître d'école.
257 — Le Chansonnier.
258 — Un Fumeur.
259 — Le Marché aux poissons.
260 — Les Inconvénients du jeu.

OCCASIONS EXCEPTIONNELLES
Musée du Louvre

261 A. VAN OSTADE. — Les Patineurs.
262 ZUSTRIS. Vénus et l'Amour.
263 WYNANTS. Départ pour la Chasse au vol.
264 — Vue d'un Chemin qui sépare un bois de la rivière.
265 — Vue d'une Ferme dans une vaste campagne.
266 — Paysage.
267 REMBRANDT. Portrait de Rembrandt, de trois quarts, à droite.
268 — Portrait : les cheveux tombant sur les épaules ; la figure de trois quarts, à droite
269 — — âgé ; dans ses mains sa palette et un appui-mains.
270 — — de trois quarts, à droite ; chevelure ébouriffée, moustaches relevées.
271 — — d'un jeune homme.
272 — — d'un vieillard.
273 — — d'homme.
274 — L'Ange Raphaël quittant Tobie et sa famille.
275 — Jacob bénissant les Enfants de Joseph.
276 — Le Ménage du menuisier.
277 — Le Bon Samaritain.
278 — Les Disciples d'Emmaüs.
279 — Le Philosophe en contemplation.
280 — — en méditation.
281 — Saint Mathieu.
282 — Portrait de femme.
283 — Un Vieillard méditant.
284 — Paysage.
285 VAN DER HELST. Les Bourgmestres distribuant le prix du jeu de l'Arc.
286 ALBERT CUYP. Un Cavalier partant pour la promenade.
287 — Un Cavalier revenant de la promenade.
288 VAN STEINWICK. Jésus chez Marthe et Marie.
289 WOUVERMANS. Le Manège.
290 — Choc de Cavalerie.
291 — Une Halte de Cavaliers.
292 — Un Manège.
293 — Les Foins.
294 — La Chasse aux Cerfs
295 — Une Halte de Chasseurs
296 ADAM PYNACKER. Marine.
297 JAN VAN GOYEN. Vue de Flandre.
298 BART. BRENBERG. Ruines de Campo Vaccino à Rome.
299 GASPARD DE WITTE. Le Chevet de l'église de Delft.
300 KORNELIS BEGA. Le Bon ménage.
301 G. NETSCHER père. L'Accompagnement du Luth.

302 — La Leçon de Musique vocale.
303 — La Leçon de Basse de viole.
304 — La Mauvaise Nouvelle,
305 — Portrait de deux Jeunes gens.
306 — Vénus pleurant Adonis.
307 FRANS VAN MIERIS. Portrait de Miéris et sa femme.
308 — Le Petit Faiseur de Bulles de savon.
309 — JAN BOTH. Paysage.
310 — Ville d'Italie au soleil couchant.
311 — Portrait d'un Géomètre.
312 JACOB VAN DEN ULFT. Vue de Tivoli.
313 JOHAMES GLAUBER. Paysage.
314 P. POTTER. Le Pacage.
315 — Une Prairie arrosée par une rivière.
316 — Des Bœufs près d'nne chaumière.
317 N. BERGHEM. Le Retour des animaux.
318 — L'Abreuvoir.
319 — Les Ruines du Colysée.
320 — Riche Paysage.
321 — Le Passage du Bac.
322 — Le Gué.
323 — Vue des Côtes de Nice.
324 — Paysage.
325 A. SWANEVELT. Un Paysage vu au soleil couchant.
326 — Paysage.
327 G. VANDER LECUW. La Laitière.
328 A. WANDERWERF. La Chasteté de Saint Joseph.
329 — Sainte Magdeleine dans le Désert.
330 — La Fuite en Egypte.
331 — Deux Nymphes dansant.
332 — Paris et Hélène.
333 TH. WITH. L'Alchimiste en méditation.
334 J. LE DUC. Corps de garde Hollandais.
335 LINGELBACK. Une Halte de voyageurs.
336 RUISDAEL. Rochers couverts d'arbres.
337 — Une Forêt.
338 — Les Environs d'un village.
339 — Le Coup de Soleil.
340 GER DE LAIRESSE. La Maladie d'Antiochus.
341 — Hercule entre le Vice et la Vertu.
342 JAN VAN HUYSUM. Une Rivière et des Ruines.
343 — Des Femmes au bain.
344 A. VANDEN WELDE. Le Soleil levant.
344 bis — La Plage de Schevelingen.
345 — Pêcheurs et leurs familles.
345 bis — HEUS. Paysage.

ÉCOLE FLAMANDE
Chaque planche, au lieu de **6**, net, **1** fr. **50**

346 TENIERS. Le reniement de Saint Pierre.
347 — Des Joueurs de cartes.
348 — Deux Fumeurs.
349 — L'Alchimiste.
350 — Le Joueur de cornemuse.
351 — Un Fumeur.
352 — Le Rémouleur.
352 — Un Cabaret auprès d'une rivière.
353 — Chasse du Héron.
355 — Portrait.
356 J. JORDAENS. Le Roi boit.
357 — Les Quatre Évangélistes.
358 RUBENS. La Descente de Croix.
359 — La Kermesse flamande.
360 — L'Arc-en-Ciel.
361 — La Famille de Rubens.
362 — L'incrédulité de Saint Thomas.
363 — Le Christ au Sépulcre.
364 — Effet de Soleil.
365 A. VAN DYCK. Le Corps de Jésus mort repose sur les genoux de sa mère.
366 — Une Dame et sa Fille.
367 — Le Président Richardot.

367 bis A. VAN DYCK. Portrait de François de Moncade.
368 — Portrait d'homme.
368 bis — Sainte Vierge.
369 G. DE HEUSCH. Paysage.
370 FRANZ PORBUS. Portrait de Henri IV.
371 PETER NEEFS. Vue intérieure d'une église.
372 PAUL BRIL. Paysage.
373 — Un Paysage et des Pêcheurs.
374 — Chasse aux Canards.
375 — Pan et Syrinx.
376 CRAYER. Hercule entre la Volupté et la Vertu.
377 GONZALEZ COQUES. Un Intérieur Hollandais.
378 PH DE CHAMPAIGNE. La Cène.
379 — Son Portrait par lui-même.
380 — Les Religieuses.
381 — Sainte Marie pénitente.
382 VAN DER MEULEN. Vue de Dinant.
383 — Convoi Militaire.
384 — Halte de Cavaliers.
385 — Le Passage du Rhin.
386 JEAN MIEL. La Dinée des Voyageurs.
387 ORIZZONTE. Paysage.

PARIS. IMP. FERD. IMBERT, 7, RUE DES CANETTES.